Das Vereins- und Versammlungsrecht

der

Gewerkschaften, Gewerkvereine

und ähnlichen Vereinigungen

von Arbeitnehmern und Arbeitgebern

nach dem Gesetz vom 26. Juni 1916.

Mit einem Anhang:

Das gewerbliche Koalitionsrecht.

Unter Benutzung der amtlichen Quellen bearbeitet

von

Geheimrat Dr. jur. A. Romen.

Berlin 1917
J. Guttentag, Verlagsbuchhandlung,
G. m. b. H.

Vorwort.

Das vorliegende Buch will den Gewerkschaften, Gewerkvereinen und gleichartigen Verbänden von Arbeitnehmern und Arbeitgebern zum Behufe der Erlangung günstiger Lohn- und Arbeitsbedingungen eine Darstellung des Vereins- und Versammlungsrechtes unter besonderer Berücksichtigung der Eigenart und besonderen Ziele dieser Vereinigungen bieten. Als Ausgangspunkt ist hierbei zugrunde gelegt worden das Gesetz zur Änderung des Vereinsgesetzes vom 26. Juni 1916. Gerade dieses Gesetz ist für die genannten Vereine von außerordentlicher Bedeutung: Es bringt ihnen den sicheren Besitz wichtiger Rechte, die jahrelang streitig waren, und gewährleistet ihnen die Möglichkeit freier und ungehinderter ersprießlicher Erfüllung ihrer Zwecke und Aufgaben. Das Gesetz gewährt ihnen die langerstrebte Befreiung von den Vorschriften über die politischen Vereine und sichert ihnen die Rechtsstellung, die ihren als berechtigt anzuerkennenden Bedürfnissen entspricht. Es ist deshalb auch namentlich von den gewerkschaftlichen Organisationen aller Richtungen aufs wärmste begrüßt worden. „Kaum je wurde", so äußerte sich bei der Kommissionsberatung „auf Grund seiner eigenen Lebenserfahrung bei den Gewerkschaften" ein Mitglied der Kommission, „ein Gesetz von ihnen so hoch gewürdigt wie dieses." Aber auch den sozialwirtschaftlichen Organisationen der Arbeitgeber kommt das Gesetz zugute. Arbeitgeber und Arbeitnehmer werden im Gesetze gleichmäßig behandelt.

Aus diesen Gründen wurde auch gerade das neue Gesetz besonders eingehend erläutert. Das erscheint noch um so mehr berechtigt, als es sich um einen überaus schwierigen Stoff handelt, das Gesetz nicht leicht verständlich ist und man bei seiner Anwendung in der Praxis sicherlich nicht selten auf Zweifel und Schwierigkeiten stoßen wird. Seine ausführliche Erläuterung wird daher den zunächst beteiligten Berufsvereinen und Personen ebenso willkommen sein, wie den zu seiner Anwendung und Auslegung berufenen Gerichten und Verwaltungsbehörden, Juristen und Verwaltungsbeamten. Bei der Bearbeitung sind die Quellen des Gesetzes: Begründung des Entwurfes, der Bericht der mit seiner Vorberatung beauftragten Reichstagskommission und die Verhandlungen des Reichstages selbst in weitem Umfange benutzt worden. Sie sind gerade bei diesem Gesetze für sein Verständnis und seine richtige Anwendung besonders wertvoll, ja unentbehrlich. Auch die Rechtsprechung ist berücksichtigt worden.

Das neue Gesetz bedeutet für die Gewerkschaften und ähnlichen Berufsvereine einen erheblichen Fortschritt. Mehrfach wurde bei seiner Beratung im Reichstage der Zuversicht Ausdruck gegeben, daß das Gesetz den bisherigen Klagen der gewerblichen Berufsvereine über unberechtigte Hemmung ihrer Tätigkeit ein Ende machen und so zur Förderung des inneren Friedens beitragen werde. Und von Vertretern einer am Zustandekommen des Gesetzes besonders stark beteiligten Partei wurde bei der Beratung wiederholt erklärt: „Das Gesetz wird bei richtiger Anwendung und sinngemäßer Auslegung durch die Verwaltungsbehörden und Gerichte den gewerkschaftlichen Organisationen und den Berufsvereinigungen der Angestellten und Arbeiter die Tätigkeit wesentlich erleichtern."

Die Kenntnis des Vereinsgesetzes im allgemeinen und das Verständnis des neuen Gesetzes insbesondere zu fördern, zur richtigen Auslegung und Anwendung dieses wichtigen und schwierigen Gesetzes seitens Rechtsprechung und Verwaltung im Geist und nach dem Willen des Gesetzgebers beizutragen, Fehlgriffen der beteiligten Stellen möglichst vorzubeugen und dadurch zur Erfüllung der großen Hoffnungen, die auf dieses „Vertrauensgesetz" gestellt sind, beizusteuern, das ist der Zweck und das Hauptziel der vorliegenden Arbeit.

Die im Anhange beigefügte Darstellung des gewerblichen Koalitionsrechtes wird den Gewerkschaften und gleichartigen Vereinigungen als Ergänzung des Werkes willkommen sein.

Im Felde, Dezember 1916.

Romen.

Inhaltsverzeichnis.

Seite

Vorwort 2

Quellen 6

A. Bisheriger Rechtszustand 7

B. Die jetzige Rechtsstellung der Gewerkschaften, Gewerkvereine und ähnlichen Vereinigungen nach dem Gesetz vom 26. Juni 1916 . 19

Gesetz zur Änderung des Vereinsgesetzes v. 19. April 1908 . 19

I. Zweck und Bedeutung des neuen Gesetzes . . 19

II. Grundgedanke des neuen Gesetzes 29

III. Erläuterungen zur Gesetzesvorschrift . . . 32

Kreis der betroffenen Vereine 32

Zweigvereine (Filialen), Ortsgruppen, Zahlstellen u. dgl. 33

Vereine von Reichsangehörigen nichtdeutscher Nationalität; polnische Vereine 33

Andere Arbeitervereine und nicht gewerbliche Berufs- oder Standesvereine 35

„Arbeitgeber“ und „Arbeitnehmer“ 37

Staatsarbeiter 38

Ländliche Arbeiter und Dienstboten 42

Beamte 46

Stellung der Personen unter 18 Jahren, der sogen. „Jugendlichen“ 47

Teilnahme der Jugendlichen an Versammlungen, insbesondere an öffentlichen Gewerkschaftsversammlungen 50

Begriff der „öffentlichen politischen Versammlung“ . 56

Autoritäts- und Disziplinarrecht der Eltern, Vormünder, Schulen, Kirchen, Erzieher und Lehrherren 62

Disziplinarrecht der Fortbildungsschulen 66

„Politische Angelegenheiten“ 67

„Angelegenheiten der Sozial- und Wirtschaftspolitik“ 71

„Einwirken“ 78

„Bezwecken“ 80

„Im Zusammenhange stehen“ 82

Seite

Inwieweit bleiben auch nach dem neuen Gesetz die Vorschriften des Vereinsgesetzes auf Gewerkschaften, Gewerkvereine und ähnliche Vereinigungen anwendbar? 85

Geltung der Strafvorschriften des Vereinsgesetzes . . 88

C. Anhang 91

Das gewerbliche Koalitionsrecht (§§ 152, 153, 154a der Gewerbeordnung) 91

I. Umfang und Inhalt des Koalitionsrechtes 92

II. Der strafrechtliche Schutz der Koalitionsfreiheit . . 98

D. Das Vereinsgesetz vom 19. April 1908 104

Sachregister 112

Quellen.

Entwurf eines Vereinsgesetzes nebst Begründung. Drucksache Nr. 482 des Reichstages, 12. Legislatur-Periode, I. Session 1907.

Bericht der XIV. Kommission zur Vorberatung des Entwurfs eines Vereinsgesetzes. Drucksache Nr. 819 des Reichstages, 12. Legislatur-Periode, I. Session 1907/08.

Entwurf eines Gesetzes zur Änderung des Vereinsgesetzes vom 19. April 1908. Drucksache Nr. 276 des Reichstages, 13. Legislatur-Periode, II. Session 1914/16.

Stenographische Berichte über die Verhandlungen des Reichstages, 13. Legislatur-Periode, II. Session 1914/16, 45., 46. und 47. Sitzung vom 10., 11. und 12. Mai 1916, S. 1012 C ff., 1033 A ff., 1064 C ff. (Erste Beratung des Entwurfs.)

Bericht der XV. Kommission zur Vorberatung des Entwurfs eines Gesetzes zur Änderung des Vereinsgesetzes vom 19. April 1908. Drucksache Nr. 351 des Reichstages, 13. Legislatur-Periode, II. Session 1914/16.

Stenographische Berichte über die Verhandlungen des Reichstages, 13. Legislat.-Periode, II. Session 1914/16, 59. Sitzung vom 5. Juni 1916, S. 1473 A ff., 1506 A ff. (Zweite und dritte Beratung des Entwurfs.)

A.

Bisheriger Rechtszustand.

Über die Handhabung des Vereinsgesetzes vom 19. April 1908 gegenüber den Gewerkschaften und anderen Berufsvereinen waren in einigen Bundesstaaten sowohl in den Parlamenten als auch sonst in der Öffentlichkeit lebhafte Klagen geführt worden. An sich unterliegen die Vereine von Arbeitgebern und Arbeitnehmern zum Behufe der Erlangung günstiger Lohn- und Arbeitsbedingungen den Vorschriften des Vereinsgesetzes. Dies gilt namentlich auch von den Gewerkschaften, Gewerkvereinen und ähnlichen Vereinigungen. Derartige Vereine sind auch, da Ausnahmebestimmungen zu ihren Gunsten nicht bestehen, wenn sie „eine Einwirkung auf politische Angelegenheiten bezwecken", gemäß § 3 des Vereinsgesetzes als „politische Vereine anzusehen" und des weiteren auch den für politische Vereine gegebenen besonderen Vorschriften in § 3 — Verpflichtung zur Einreichung der Satzung und des Verzeichnisses der Vorstandsmitglieder sowie zur Anzeige von Änderungen hierin bei der zuständigen Polizeibehörde — und in § 17 — Verbot der Mitgliedschaft von Personen unter 18 Jahren an politischen Vereinen und der Anwesenheit dieser Personen an den Versammlungen solcher Vereine — sowie den zugehörigen Strafbestimmungen in § 18 Z. 1, 5 und 6 unterworfen. Schon bei der Beratung des Vereinsgesetzes war mehrfach zum Ausdruck gebracht worden, daß Gewerkschaften und ähnliche Berufsvereine, wenn sie lediglich bezweckten, an sich nicht politische Berufsinteressen ihrer Mitglieder durch Einwirkung auf die Gesetzgebung oder Verwaltung zu fördern, nicht als politische Vereine anzusehen und zu behandeln seien. Das war auch die Auffassung der Reichsleitung, und es war insbesondere auch seitens des damaligen Staatssekretärs des Innern in der Reichstagskommission erklärt worden, die im § 152 der Gewerbeordnung bezeichneten Angelegenheiten, nämlich Erlangung besserer Lohn- und Arbeitsbedingungen, seien bei richtiger Auslegung des Gesetzes als solche überhaupt nicht politischer Natur (Drucks. Nr. 819 des Reichst., 12. Legisl.-Per., I. Sess. 1907/08, S. 62). In ähnlicher Weise drückte sich der Staatssekretär des Innern Dr. Delbrück in der Reichstagssitzung vom 20. März 1915 bei der Beratung des Etats für das Reichsamt des Innern aus gelegentlich einer Erörterung über das Vereinsgesetz, namentlich über einen Antrag, die Gewerkschaften durch eine besondere Bestimmung von den Beschränkungen des politischen Vereins auszunehmen, auch dann, wenn sie in Versammlungen sozialpolitische Gegenstände besprechen. „Es kann gar keinem Zweifel unterliegen", so erklärte er (Sten. Ber. S. 120 C), „daß eine Gewerkschaft, ein Berufsverein, der sich in den Grenzen der Aufgaben hält, die ihm der § 152 der Gewerbeordnung gestellt hat, kein politischer Verein ist, und ich gehe auch noch weiter, ich nehme persönlich an, daß Berufsvereine, die sich bei etwaigen politischen Erörterungen auf diejenigen gesetzgeberischen Materien beschränken, die mit ihrem Geschäftsbereich nach Maßgabe des § 152 in unmittelbarem Zusammenhang stehen, nicht als politische Vereine anzusehen sind."

Die gleiche Auffassung war auch in den Ausführungsbestimmungen mehrerer Bundesstaaten ausdrücklich niedergelegt. So ist in Z. 7 Abs. 2 der bayerischen Anweisung zum Vollzuge des Reichsvereinsgesetzes vom 19. April 1908 zu § 3 gesagt worden:

> „Gewerkschaftliche Vereine, die innerhalb des Rahmens des § 152 der Gewerbeordnung sich nur mit Berufs- und Standesfragen ihrer Mitglieder befassen, sind als politische Vereine nicht anzusehen."

Des weiteren ist in Z. 20 zu § 17 des Vereinsgesetzes bestimmt:

> „Nach dieser Bestimmung sind Personen, die das 18. Lebensjahr noch nicht vollendet haben, von politischen Vereinen und deren Versammlungen, sofern es sich nicht um Veranstaltungen zu geselligen Zwecken handelt, und von öffentlichen politischen Versammlungen ausgeschlossen. Das Verbot des § 17 erstreckt sich daher nicht auf die oben in Z. 7 Abs. 2 bezeichneten

Vereine und nicht auf die in § 6 Abs. 3 bezeichneten Versammlungen, insbesondere nicht auf gewerkschaftliche Versammlungen, insoweit sich deren Verhandlungen auf die Erörterung der dortselbst bezeichneten Fragen beschränken."

Ähnliche Bestimmungen befinden sich in den sächsischen Ausführungsbestimmungen vom 24. Mai 1908. Hier heißt es in Z. 3 zu § 3 des Vereinsgesetzes:

„Wenn auch absichtlich — und zwar wegen der Schwierigkeit einer solchen — von der Definition des Begriffes „politische Angelegenheiten" im Gesetze selbst abgesehen worden ist, so werden im allgemeinen hierunter solche zu verstehen sein, die Verfassung, Verwaltung, Gesetzgebung des Staates, die staatlichen Rechte der Bürger, die internationalen Beziehungen der Staaten untereinander, Fragen der Sozialpolitik und Wirtschaftslehre betreffen.

Wenn nach alledem insbesondere Gewerkschaften unter die Bestimmungen des § 3 des Gesetzes fallen können, so wird dies doch nicht von vornherein der Fall sein müssen, da diese in der Regel eine Einwirkung auf politische Angelegenheiten nicht bezwecken: dies wird erst dann eintreten, wenn ihre Zwecke nicht mehr allein auf die Regelung der internen Arbeitsverhältnisse zwischen Arbeitgeber und Arbeiter gerichtet sind, sondern wenn durch Zusammenschluß, durch wuchtige und scharfe Resolutionen oder dgl. eine Einwirkung auf Gesetzgebung oder Verwaltung beabsichtigt ist.

Im allgemeinen ist sonach hinsichtlich der Gewerkschaften davon auszugehen, daß diese — solange sie sich innerhalb des Rahmens des § 152 der Gewerbeordnung nur mit Berufs- und Standesfragen befassen — als politische Vereine nicht anzusehen sind."

In Z. 13 ist dann zu § 17 des Gesetzes bestimmt:

„Hinsichtlich der Teilnahme von Personen unter 18 Jahren an Gewerkschaften und den in § 6 Abs. 3 des Gesetzes genannten Versammlungen gilt das unter 3a und 7 Gesagte, wonach zunächst davon auszugehen sein wird, daß der Teilnahme Jugendlicher von vornherein — d. h. bei Beschränkung der Zwecke auf Berufs- und Standesinteressen — im Sinne des Gesetzgebers keine Schwierigkeiten zu bereiten sind."

Für Württemberg ist in der Verfügung des Ministeriums

des Innern vom 13. Mai 1908 zum Vollzug des Vereinsgesetzes bestimmt:

III. Zu § 3 des Gesetzes:

„Gewerkschaftliche Vereine sind, soweit sie sich innerhalb des Rahmens des § 152 der Gewerbeordnung halten, als politische Vereine nicht anzusehen."

und in XII zu § 17 des Gesetzes:

„Die Teilnahme an den in Nr. III bezeichneten Vereinen und an den in § 6 Abs. 3 des Gesetzes aufgeführten Versammlungen steht auch Personen, welche das 18. Lebensjahr noch nicht vollendet haben, frei."

Erwähnung mag hier auch finden eine Äußerung des bayerischen Ministers des Innern v. Brettreich in der bayerischen Abgeordnetenkammer am 18. Mai 1908: „Minderjährige nach vollendetem 18. Lebensjahre", so erklärte er, „können ungehindert ohne Einschränkung politischen Vereinen angehören und in politische Versammlungen gehen, und soweit die Minderjährigen jünger als 18 Jahre sind, sind sie nur von politischen Vereinen und Versammlungen ausgenommen, dagegen können sie innerhalb des Rahmens des § 152 der Reichsgewerbeordnung an dem ganzen gewerkschaftlichen Leben teilnehmen" (Sten. Ber. d. Reichst.-Verh. vom 5. Juni 1916, S. 1486 B), „also auch", wie der Abgeordnete Dr. Müller als Berichterstatter der Kommission bei Erwähnung dieser Erklärung in derselben Sitzung hinzufügte (Sten. Ber. S. 1501 D), „an der Erörterung wirtschafts- und sozialpolitischer Angelegenheiten".

Im Gegensatz zu dieser Auffassung hatte die Rechtsprechung einen anderen Standpunkt eingenommen. Vielfach war in höchstrichterlichen Entscheidungen angenommen worden, daß Gewerkschaften und ähnliche Berufsvereine auch dann als politische Vereine anzusehen seien, wenn sie lediglich bezwecken, an sich nicht politische Berufsinteressen ihrer Mitglieder durch Einwirkung auf die Gesetzgebung oder Verwaltung zu fördern. Von besonderer Bedeutung wurde in dieser Beziehung eine Entscheidung des Preußischen Oberverwaltungsgerichtes vom 4. Juli 1911 (abgedruckt bei Reger, Entscheidungen der Gerichte und Verwaltungsbehörden aus dem Gebiete des Verwaltungs- und Polizeistrafrechts, Bd. 32 S. 549). Nach der Feststellung, daß ein Verein dann ein politischer Verein sei, wenn er auf die Verfassung, Verwaltung oder Gesetzgebung des Staates, die staatlichen Rechte der Bürger oder die internationalen Beziehungen der Staaten zueinander einzuwirken suche, heißt es dort: „Dies gilt auch für die Vereine der gewerkschaftlichen Organisationen, und zwar auch dann, wenn sie im Rahmen ihrer Berufsinteressen politische Zwecke verfolgen." Im Anschluß hieran wird in dem Urteil ausdrücklich hervorgehoben, für die politische Natur eines Vereines sei es unwesentlich, ob er eine Einwirkung auf die Gesetzgebung des Staates oder die staatlichen Rechte der Bürger allgemein oder nur in der Richtung der Besserung und Hebung der Berufsinteressen eines bestimmten Personenkreises bezwecke. Die Verwaltungsbehörden hatten sich dieser einengenden Rechtsprechung angeschlossen und mehrfach Gewerkschaften als politische Vereine angesehen und behandelt. Durch diesen Zustand, den bei Erlaß des Reichsvereinsgesetzes weder die Reichsleitung noch die verbündeten Regierungen gewollt hatten (Erklärung des Vertreters der verbündeten Regierungen in der Reichstagssitzung vom 10. Mai 1916, Sten. Ber. S. 1013 C), wurden, wie es in der Begründung des Entwurfs heißt (S. 6), die Gewerkschaften und ähnliche Vereine in ihrer Bewegungsfreiheit erheblich gehemmt. Schon in der Begründung des Entwurfs eines Gesetzes betr. gewerbliche Berufsvereine (Drucks. d. Reichst., 11. Legislatur-Periode, II. Session 1905/07, Nr. 533 S. 11) war anerkannt, daß zahlreiche Berufsvereine, vor allem die Gewerkvereine und Gewerkschaften, „wenn anders sie den beruflichen Interessen ihrer Mitglieder eine tatkräftige und erfolgverheißende Unterstützung und Förderung angedeihen lassen wollen, es nur sehr schwer werden vermeiden können, wenigstens ab und zu bei ihrer Tätigkeit auch das sozialpolitische Gebiet zu berühren." Seither hat nun die Entwicklung der tatsächlichen Verhältnisse auf der einen und die Gestaltung der Rechtspflege auf der anderen Seite zur Folge gehabt, daß die genannten Vereine ihre nächsten und eigentlichen Aufgaben in der Tat schwer oder nur unvollkommen zu erfüllen vermögen, ohne sich vielfach mit Angelegenheiten zu befassen, die als politische gelten. In immer größerem Umfange sind staatlicher Regelung solche Verhältnisse unterworfen worden, die sich mit den wirtschaftlichen und beruflichen Interessen von Arbeitgebern und Arbeitnehmern eng berühren, so der Arbeiterschutz, die Arbeiterversicherung, Arbeitsverhältnisse der Heimarbeit usw. Auf anderen Gebieten, die ebenfalls für die Unternehmer wie für die Arbeiterschaft von erheblicher Bedeutung sind, ist eine solche Regelung teils in Angriff genommen, teils vielfach angeregt worden, beispielsweise für Fragen des Koalitionsrechts, für das Einigungswesen, für das Tarifvertragsrecht usw. Sodann haben auch die Gewerkschaften und ähnliche Vereinigungen die Betätigung für ihre Mitglieder über den Rahmen ihrer ursprünglichen Aufgaben hinaus auf die Wohlfahrtspflege und eigene wirtschaftliche Unternehmungen, wie Konsumvereine, Versicherungseinrichtungen usw. ausgedehnt uud sich damit auf Gebiete begeben, auf denen sie sich der Stellungnahme zu Fragen der Sozialpolitik und der Wirtschaftspolitik häufig nicht entziehen können. (Begründ. d. Entw. S. 2.)

Da nicht zu erwarten stand, daß die Rechtsprechung in dieser Hinsicht andere Bahnen einschlagen würde, bedurfte es, „um den Gewerkschaften und ähnlichen Vereinen der Arbeitnehmer sowie auch den entsprechenden Vereinen der Arbeitgeber auf dem Gebiete des Vereinswesens die nötige Freiheit zur Betätiguug ihrer berechtigten wirtschaftlichen und Wohlfahrtsbestrebungen zu sichern" (Begr. d. Entw. S. 6), einer Änderung des Gesetzes.

Bereits im Jahre 1915 regte zunächst der Reichstag seinerseits eine Umgestaltung der maßgebenden Bestimmungen an. In der Sitzung vom 20. März 1915 überwies er dem Reichskanzler folgenden Antrag zur Berücksichtigung (Sten. Ber. S. 124 B, C):

„Das Reichsvereinsgesetz vom 19. April 1908, wie folgt, zu ändern:

§ 3 Abs. 1.

Ein Verein, der bezweckt, politische Gegenstände in Versammlungen zu erörtern (politischer Verein), muß einen Vorstand und eine Satzung haben. Nicht als politische Vereine gelten solche Vereine, deren Zweck ist, günstige Lohn- und Arbeitsbedingungen für ihre Mitglieder oder weitere Kreise herbeizuführen oder zu erhalten, auch wenn sie bei Verfolgung ihrer Zwecke auf politische Parteien, auf die Verfassung, Verwaltung und Gesetzgebung des Staates oder anderer öffentlicher Körperschaften einzuwirken suchen."

Zugleich beschloß der Reichstag, einen weiteren Antrag, den Bundesrat zu ersuchen, einem Gesetzentwurf betreffend Änderung des Reichsvereinsgesetzes vom 19. April 1908 seine Zustimmung zu erteilen, einer Kommission von 21 Mitgliedern zu überweisen (Sten. Ber. S. 124 C, D). Nach diesem Gesetzentwurf sollten im Vereinsgesetz die §§ 12, 14 Z. 1 und 6, § 19 Z. 3 (der sogen. Sprachenparagraph nebst den Bestimmungen über die Auflösung von Versammlungen wegen Nichtbeachtung seiner Vorschriften und die zugehörige Strafbestimmung) sowie ferner die §§ 17, 18 Z. 5 und 6 (betreffend die Zulassung von Jugendlichen zu politischen Vereinen und deren Versammlungen und zu öffentlichen politischen Versammlungen nebst den dazugehörigen Strafbestimmungen) gestrichen werden.

Der Kommission wurden in der 1. Sitzung folgende Anträge zu § 3 vorgelegt, die sie widerspruchslos zur Verhandlung zuließ (Bericht der 8. Kommission zur Vorberatung des Entwurfs eines Gesetzes, betreffend Änderung des Reichsvereinsgesetzes vom 19. April 1908, Drucks. d. Reichst., 13. Legislatur-Periode, II. Session 1914/15, Nr. 133 S. 2):

a) § 3 Abs. 1 des Vereinsgesetzes zu fassen:

Ein Verein, der bezweckt, politische Gegenstände in Versammlungen zu erörtern (politischer Verein), muß einen Vorstand und eine Satzung haben.

b) Abs. 2 bis 4 bisheriger Fassung zu streichen.

c) Für den Fall der Annahme des Antrags zu a dem § 3 folgenden letzten Absatz hinzuzufügen:

Nicht als politische Vereine gelten Vereine, deren Zweck ist, günstige Lohn- und Arbeitsbedingungen für ihre Mitglieder oder weitere Kreise herbeizuführen oder zu erhalten, auch wenn sie bei Verfolgung ihrer Zwecke politische Gegenstände in Versammlungen erörtern.

d) Für den Fall der Ablehnung des Antrags zu a dem § 3 folgenden letzten Absatz zuzufügen:

Nicht als politische Vereine gelten Vereine, deren Zweck ist, günstige Lohn- und Arbeitsbedingungen für ihre Mitglieder oder weitere Kreise herbeizuführen oder zu erhalten, auch wenn sie bei Verfolgung ihrer Zwecke auf politische Parteien, auf die Verfassung, Gesetzgebung oder Verwaltung des Staates oder anderer öffentlichen Körperschaften einzuwirken suchen.

Danach machte die Kommission drei Materien zum Gegenstande ihrer Beratungen:

1. die Änderung des § 3 des Reichsvereinsgesetzes durch Neubestimmung des Begriffes des „politischen Vereins“ und ausdrückliche Herausnahme der Berufsvereine aus diesem Begriffe;

2. die Aufhebung des sogenannten Sprachenparagraphen (§ 12 mit § 14 Ziff. 1, 6, § 19 Ziff. 3);
3. die Beseitigung des sogenannten Jugendparagraphen (§ 17 mit § 18 Ziff. 5 und 6).

Bei den Verhandlungen gab der Vertreter des Reichsamts des Innern folgende Erklärung ab (Drucks. Nr. 133 S. 3):

„Gegen die sonstige Gewohnheit habe die Regierung Vertreter zur Verhandlung dieses Initiativantrags wegen der besonderen Wichtigkeit der Materie entsendet. Er sei nicht in der Lage, namens der verbündeten Regierungen zu den obengenannten Materien unter 2 und 3 (Aufhebung des § 12, des sogenannten Sprachenparagraphen, und des § 17, des sogenannten Jugendparagraphen) positiv noch negativ Stellung zu nehmen.

„Anders verhält es sich mit der Rechtsstellung der Gewerkschaften im Rahmen des Vereinsgesetzes, da die hier ausgesprochenen Wünsche nur die Sicherung eines Rechtszustandes erstreben, den die gesetzgebenden Faktoren bei Erlaß des Gesetzes im Auge gehabt haben. Die Reichsleitung hat stets — auch schon bei der Beratung des Entwurfs zum Vereinsgesetz — den Standpunkt vertreten, daß ein Berufsverein, der sich in den Grenzen der ihm durch § 152 der Gewerbeordnung gestellten Aufgaben hält, kein politischer Verein ist. Dieser Auffassung hat noch kürzlich der Herr Stellvertreter des Reichskanzlers Ausdruck gegeben mit dem Hinzufügen, daß Berufsvereine wohl auch dann nicht als politische Vereine anzusehen sind, wenn sie sich bei etwaigen politischen Erörterungen auf die gesetzgeberischen Angelegenheiten beschränken, die mit ihrem Geschäftsbereiche nach Maßgabe des § 152 der Gewerbeordnung in unmittelbarem Zusammenhange stehen. Mit dieser Stellungnahme hat sich, wie zuzugeben, die Praxis der Verwaltungsbehörden und die Rechtsprechung nicht immer im Einklang befunden. Die Reichsleitung ist deshalb bereits in eine Prüfung der Frage eingetreten, welche gesetzgeberischen Maßnahmen zu ergreifen sein werden, um den Gewerkschaften, entsprechend ihrer Bedeutung im öffentlichen und wirtschaftlichen Leben, auf dem Gebiete des Vereinswesens die nötige Freiheit zur Betätigung ihrer berechtigten wirtschaftlichen und Wohlfahrtsbestrebungen zu sichern, zumal die Gewerkschaften sich vom Beginn des Krieges an in uneigennütziger und aufopfernder Weise in den Dienst der Aufgaben gestellt haben, die das Wohl des Vaterlandes, seine äußere und innere Wehrhaftmachung erheischt. Wann dem Reichstag eine entsprechende Vorlage gemacht werden kann, läßt sich indessen zurzeit noch nicht übersehen."

Die Kommission nahm den Gesetzentwurf unter fernerer Streichung der Zahl 12 im § 13 an und gab des weiteren dem § 3 Abs. 1 des Vereinsgesetzes folgende Fassung (Drucksache Nr. 133 S. 6, 8, 9):

Ein Verein, der bezweckt, politische Gegenstände in Versammlungen zu erörtern (politischer Verein), muß einen Vorstand und eine Satzung haben. Nicht als politische Vereine gelten Vereine von Berufsgenossen oder Angehörigen verschiedener Berufe und Standesvereine, auch wenn sie zur Verfolgung ihrer Zwecke politische Gegenstände in Versammlungen erörtern.

Die zweite und dritte Beratung des Gesetzes in der Vollversammlung des Reichstages fand am 27. August 1915 statt In dieser Sitzung sprach sich der Staatssekretär des Innern Dr. Delbrück nochmals über die Stellungnahme der verbündeten Regierungen zu dem Gesetzentwurf aus (Sten.Ber. S. 389 B, C, D). „Es entspricht einer alten, von dieser Stelle oft begründeten Übung", so führte er aus, „daß sich die verbündeten Regierungen an der Beratung von Initiativanträgen nicht beteiligen. Ich habe geglaubt, auch diesem Initiativantrag gegenüber diese Stellung einnehmen zu müssen, und habe die entsprechenden Erklärungen durch einen Kommissar in Ihrer Kommission abgeben lassen. Es sind aber neben der Überlieferung noch Gründe besonderer Art, die es mir zweckmäßig erscheinen lassen, gerade in diesem Falle an einer Diskussion über diesen Initiativantrag hier im Plenum nicht teilzunehmen.

Meine Herren, die Forderungen, die hier erhoben werden, die hier durch den von Ihnen vorgelegten Gesetzentwurf verwirklicht werden sollen, gehören zu der großen Gruppe von Forderungen, die man in den Rahmen der Gegenstände einfügen kann, die wir gelegentlich als die Neuorientierung der inneren Politik nach dem Kriege bezeichnet haben. Die verbündeten Regierungen und der Herr Reichskanzler sind der Meinung, daß diese Forderungen nicht einzeln erledigt werden können, sondern daß sie nur in der Form eines einheitlichen, in sich gegliederten und innerlich zusammenhängenden Programms ihre Verwirklichung finden können, und daß dieses Programm der Natur der Dinge nach nicht jetzt, sondern erst mit dem Friedensschluß entwickelt und festgestellt werden kann. Es kommt zu alledem hinzu, daß der Paragraph über die Jugendlichen und der Sprachenparagraph zu den politisch meist umstrittenen Materien gehören, die verbündete Regierungen und Parlament im Laufe der letzten zehn Jahre beschäftigt haben. Die verbündeten Regierungen und der Herr Reichskanzler können es daher nicht für zweckmäßig erachten, in dieser Zeit, mitten im Kriege, wo unsere Aufmerksamkeit auf ganz andere Dinge gelenkt ist und gelenkt sein muß, dieses heiße Eisen in die Hand zu nehmen.

In einem Punkte, meine Herren, bin ich aber im Einvernehmen mit dem Herrn Reichskanzler weiter gegangen. Ich habe die grundsätzliche Bereitwilligkeit der Reichsleitung ausgesprochen, den Wünschen auf eine angemessene Freistellung der Gewerkschaften von den Bestimmungen des Vereinsgesetzes zu entsprechen. Ich nehme auf die diesbezüglichen Erklärungen in der Kommission Bezug .... Ich will aber hiermit ausdrücklich erklären, daß die von meinem Kommissar in meinem Namen formuliert abgegebene Erklärung erfolgt ist mit ausdrücklicher Billigung des Herrn Reichskanzlers und mit ausdrücklicher Zustimmung der in Betracht kommenden preußischen Ressorts. Bei dieser Übereinstimmung der in erster Linie beteiligten und verantwortlichen Personen können Sie also darauf rechnen, daß dem Reichstage im gegebenen Augenblick und rechtzeitig eine entsprechende Vorlage zugehen wird."

Die Verhandlungen im Reichstag endeten mit der unveränderten Annahme der von der Kommission beschlossenen Fassung in zweiter und dritter Beratung (Sten. Ber. S. 396 B, D, 397 A).

Der Entwurf ging den verbündeten Regierungen in mehrfacher Beziehung zu weit und wurde daher von ihnen als unannehmbar abgelehnt.

In der Plenarsitzung des Reichstages vom 18. Januar 1916 wurde dann namens der verbündeten Regierungen folgende Erklärung abgegeben (Sten.Ber. d. Reichst., 13. Legisl.-Per., II. Sess. 1914/16, S. 757, 758):

„In seiner vorigen Tagung hat der Reichstag einen Gesetzentwurf, betreffend Änderung des Reichsvereinsgesetzes vom 19. April 1908, angenommen. Gegen ihre Gepflogenheit hat die Reichsleitung zu den Verhandlungen über die diesem Gesetze zugrunde liegenden Initiativanträge Vertreter entsendet und schon damit zu erkennen gegeben, daß ihr daran gelegen ist, auf diesem Gebiete möglichst zu einer Verständigung mit dem Reichstag zu gelangen. In einer hierbei namens der Reichsleitung abgegebenen Erklärung ist anerkannt worden, daß die Auslegung der Bestimmungen über die politischen Vereine durch die Gerichte und die Verwaltungsbehörden den Gewerkschaften nicht immer das richtige Maß von Freiheiten gelassen hat, dessen sie zur Betätigung ihrer berechtigten wirtschaftlichen und Wohlfahrtsbestrebungen bedürfen. Eine wirksame Abhilfe hiergegen kann nur im Wege der Gesetzgebung geschaffen werden. Es muß gesetzlich festgelegt werden, daß die Gewerkschaften und die entsprechenden Vereine der Arbeitgeber nicht als politische Vereine behandelt werden dürfen, wenn sie sich mit solchen sozial- und wirtschaftspolitischen Angelegenheiten befassen, die mit ihrem eigentlichen Aufgabenkreise, der Erlangung günstiger Lohn- und Arbeitsbedingungen oder der Wahrung und der Förderung wirtschaftlicher und gewerkschaftlicher Interessen ihrer Mitglieder, im Zusammenhange stehen.

Die verbündeten Regierungen haben sich mit diesem Standpunkte der Reichsleitung einverstanden erklärt. Dem Reichstage wird eine entsprechende Vorlage alsbald gemacht werden."

Gemäß dieser Zusage wurde dem Reichstag am 1. Mai 1916 der Entwurf eines Gesetzes zur Änderung des Vereinsgesetzes vom 19. April 1908 (Reichs-Gesetzbl. S. 151), wie er vom Bundesrat beschlossen worden war, zur verfassungsmäßigen Beschlußnahme vorgelegt (Drucksache Nr. 276 des Reichstages, 13. Legislatur-Periode, II. Session 1914/16). Der Entwurf lautete folgendermaßen:

Wir Wilhelm, von Gottes Gnaden Deutscher Kaiser, König von Preußen &c.

verordnen im Namen des Reichs, nach erfolgter Zustimmung des Bundesrats und des Reichstags, was folgt:

Hinter § 17 des Vereinsgesetzes wird eingefügt:

§ 17a.

Die Vorschriften der §§ 3, 17 über politische Vereine und deren Versammlungen sind auf Vereine von Arbeitgebern und Arbeitnehmern zum Behufe der Erlangung günstiger Lohn- und Arbeitsbedingungen nicht aus dem Grunde anzuwenden, weil diese Vereine auf solche Angelegenheiten der Sozialpolitik oder der Wirtschaftspolitik einzuwirken bezwecken, die mit der Erlangung oder Erhaltung günstiger Lohn- oder Arbeitsbedingungen oder mit der Wahrung oder Förderung wirtschaftlicher oder gewerblicher Zwecke zugunsten ihrer Mitglieder oder mit allgemeinen beruflichen Fragen im Zusammenhange stehen.

Urkundlich usw.

Gegeben usw.

Die erste Beratung des Gesetzentwurfes fand bereits in den Sitzungen vom 10, 11. und 12. Mai statt und endete mit der Überweisung des Entwurfes an eine Kommission von 28 Mitgliedern (Sten.Ber. über die 45., 46. und 47. Sitzung des Reichstages vom 10., 11. und 12. Mai 1916, S. 1012 ff., S. 1033 A ff., S. 1064 C ff.). Die Kommission bildete sich am 18. Mai 1916 und wählte zu ihrem Vorsitzenden den Abgeordneten Dr. Junck, zu dessen Stellvertreter den Abgeordneten Dr. Oertel. Zum Berichterstatter wurde der Abgeordnete Dr. Müller (Meiningen) gewählt. Die Kommission tagte in drei Sitzungen am 19., 23. und 25. Mai. Ihre Beratungen endeten mit der unveränderten Annahme des Entwurfes (Bericht der 15. Kommission, Drucksache Nr. 351 des Reichstages, 13. Legislatur-Periode, II. Session 1914/16). In dieser Gestalt wurde dann der Gesetzentwurf vom Reichstag in der Sitzung vom 5. Juni 1916 in der zweiten und der sich gleich daran anschließenden dritten Beratung unverändert „mit Mehrheit“ angenommen (Sten.Ber. über die 59. Sitzung des Reichstages vom 5. Juni 1916, S. 1473 A ff., S. 1505 D, S. 1506 A).

Nachdem der Bundesrat dem Gesetzentwurfe seine Zustimmung erteilt hatte und er vom Kaiser am 26. Juni 1916 vollzogen war, wurde das Gesetz sodann am 1. Juli 1916 durch das Reichs-Gesetzblatt (RGBl. Nr. 147) verkündigt.

B.

Die jetzige Rechtsstellung der Gewerkschaften, Gewerkvereine und ähnlichen Vereinigungen nach dem Gesetz vom 26. Juni 1916.

Gesetz zur Änderung des Vereinsgesetzes vom 19. April 1908*).

Vom 26. Juni 1916 (RGBl. 1916, Nr. 147, S. 635).

Wir Wilhelm, von Gottes Gnaden Deutscher Kaiser, König von Preußen rc.,

verordnen im Namen des Reichs, nach erfolgter Zustimmung des Bundesrats und des Reichstags, was folgt:

Hinter § 17 des Vereinsgesetzes wird eingefügt:

§ 17a.

Die Vorschriften der §§ 3, 17 über politische Vereine und deren Versammlungen sind auf Vereine von Arbeitgebern und Arbeitnehmern zum Behufe der Erlangung günstiger Lohn- und Arbeitsbedingungen nicht aus dem Grunde anzuwenden, weil diese Vereine auf solche Angelegenheiten der Sozialpolitik oder der Wirtschaftspolitik einzuwirken bezwecken, die mit der Erlangung oder Erhaltung günstiger Lohn- oder Arbeitsbedingungen oder mit der Wahrung oder Förderung wirtschaftlicher oder gewerblicher Zwecke zugunsten ihrer Mitglieder oder mit allgemeinen beruflichen Fragen im Zusammenhange stehen.

I.

Zweck und Bedeutung des neuen Gesetzes.

Es handelt sich bei dem jetzigen Gesetze nicht um eine materielle Abänderung des bisherigen Gesetzes, insbesondere

---

*) Eine ausführliche Erörterung des Vereinsgesetzes enthält das Werk: Das Vereinsgesetz vom 19. April 1908 nebst Ausführungsbestimmungen. Unter Benutzung der amtlichen Quellen und mit Berücksichtigung der gesamten Rechtsprechung bearbeitet und ausführlich erläutert von Dr. jur. A. Romen, Wirklichem Geheimen Kriegsrat. 4. Aufl. Berlin 1916, Verlag v. J. Guttentag, G. m. b. H.

nicht um eine Erweiterung des Vereinsgesetzes gegenüber dem bisherigen Zustande, sondern lediglich um eine authentische Interpretation des Vereinsgesetzes, um Sicherung seiner richtigen Anwendung. An dem bestehenden Zustande des Vereinsrechtes soll gar nichts geändert werden. Das Gesetz hat lediglich erklärende, sogenannte deklaratorische Bedeutung. Diese gesetzliche Auslegung war veranlaßt und notwendig geworden durch eine unrichtige, dem Willen des Gesetzgebers nicht entsprechende Auslegung und Anwendung des Vereinsgesetzes gegenüber Gewerkschaften und ähnlichen Berufsvereinen seitens der Gerichte und Verwaltungsbehörden. Bisher nahm die Rechtsprechung vielfach an, daß Gewerkschaften und ähnliche Berufsvereine auch dann als politische Vereine anzusehen seien, wenn sie lediglich bezweckten, an sich nicht politische Berufsinteressen ihrer Mitglieder durch Einwirkung auf die Gesetzgebung oder Verwaltung zu fördern. Der Rechtsprechung hatte sich die Verwaltungspraxis angeschlossen. (Näheres s. S. 10, 11.) Hierdurch wurden die Gewerkschaften und ähnliche Vereine in ihrer Bewegungsfreiheit gehemmt. Das Gesetz will nun diesen Vereinen die Sicherheit geben, daß sie nicht wieder als politische Vereine behandelt werden können, wenn sie sich innerhalb des darin vorgesehenen Rahmens halten. Im übrigen bleiben die Vorschriften des Vereinsgesetzes unverändert bestehen.

Insbesondere wird auch an den Begriffsbestimmungen des „politischen Vereins" und der „politischen Versammlung" (in dem § 3 Abs. 1 und dem § 5 des Vereinsgesetzes) sowie an den für diese geltenden allgemeinen und besonderen Vorschriften nicht gerührt. Sie behalten vielmehr ihre volle Bedeutung und Geltung weiterhin. Nur ist ihre Anwendbarkeit eingeschränkt, und zwar, indem diese ausgeschlossen wird in bezug auf die in § 17a bezeichneten Vereine unter bestimmten, dort genau festgelegten Voraussetzungen. Die Vorschriften in §§ 3 und 17 des Vereinsgesetzes über politische Vereine und deren Versammlungen sollen keine Anwendung finden auf „Vereine von Arbeitgebern und Arbeitnehmern zum Behufe der Erlangung günstiger Lohn- und Arbeitsbedingungen" (das sind Gewerkschaften, Gewerkvereine und ähnliche Berufsvereinigungen), wenn und solange diese Vereine nur bezwecken, auf solche Angelegenheiten der Sozial- oder Wirtschaftspolitik einzuwirken, die „mit der Erlangung oder Erhaltung günstiger Lohn- oder Arbeitsbedingungen oder mit der Wahrung oder Förderung wirtschaftlicher oder gewerblicher Zwecke zugunsten ihrer Mitglieder oder mit allgemeinen beruflichen Fragen", kurz gesagt, mit ihrem eigentlichen Vereinszweck und mit ihrem eigentlichen wirklichen Aufgabenkreise „im Zusammenhange stehen". Solange sich die genannten Vereine im Rahmen derjenigen Tätigkeit halten, deren sie für die Wahrnehmung ihrer berechtigten beruflichen Interessen und zur Erfüllung der diesbezüglichen Aufgaben bedürfen, so lange sollen sie nicht als politische Vereine angesehen und behandelt werden. Überschreiten aber die genannten Vereine den Rahmen ihres Vereinszweckes, ihrer eigentlichen Berufsaufgaben, d. h. die im § 17a für ihre Tätigkeit gesteckten Grenzen, bezwecken sie die Einwirkung auf reinpolitische Angelegenheiten (s. S. 67 ff.) oder auf solche sozial- oder wirtschaftspolitische Angelegenheiten, die mit ihrem eigentlichen Vereinszweck, mit ihren eigentlichen und wirklichen, im Gesetz bezeichneten Aufgaben nicht im Zusammenhange stehen, so gehen sie auch der ihnen gewährten Vergünstigung verlustig und müssen sich gefallen lassen, daß sie infolgedessen wieder als das angesehen und behandelt werden, was sie dann auch in Wirklichkeit sind: nämlich als politische Vereine. Als solche sind sie dann auch wieder sämtlichen, für die politischen Vereine gegebenen Vorschriften des Vereinsgesetzes unterworfen (s. auch S. 50).

Das Gleiche gilt bezüglich des § 17 des Vereinsgesetzes, des sogenannten „Jugendparagraphen". Auch er ist, das sei nachdrücklich betont, keineswegs durch das neue Gesetz aufgehoben, besteht vielmehr an sich in vollem Umfange weiter, nur soll auch er, wie § 3, auf die in § 17a genannten Vereine unter bestimmten, dort festgesetzten Voraussetzungen nicht anwendbar sein. Näheres s. S. 49.

Erwähnt mag ferner nebenbei werden, daß auch die Vorschriften der §§ 152, 153, 154a der Gewerbeordnung, die von den Befugnissen der darin genannten Personenkreise in bezug auf Verabredungen und Vereinigungen zum Behufe der Erlangung günstiger Lohn- und Arbeitsbedingungen handeln, wie durch das Vereinsgesetz überhaupt nicht, so auch durch das neue Gesetz nicht berührt werden. Näheres s. S. 55, 87, 92.

Über die Tragweite des neuen Gesetzes haben während

der Beratung des Entwurfs fortdauernd lebhafte Erörterungen stattgefunden. Gleich bei Beginn der Verhandlungen im Reichstag äußerte sich der Vertreter der verbündeten Regierungen, Direktor im Reichsamt des Innern Dr. Lewald, eingehend darüber. „Der Gesetzentwurf", so führte er aus (Sten.Ber. S. 1012 C, D, 1013 A, B, C, 1014 B), „enthält die loyale Erfüllung der am 18. Januar d. J. in diesem hohen Hause von mir] abgegebenen Zusage (s. S. 16, 17).

Es ist damals im Namen der verbündeten Regierungen erklärt worden, daß die Auslegung der Bestimmungen über die politischen Vereine durch die Gerichte und die Verwaltungsbehörden den Gewerkschaften nicht immer das Maß von Freiheit gelassen habe, dessen sie zur Betätigung ihrer berechtigten wirtschaftlichen und Wohlfahrtsbestrebungen bedürfen. Eine wirksame Abhilfe hiergegen könne nur im Wege der Gesetzgebung geschaffen werden, und es müsse daher gesetzlich festgelegt werden, daß die Gewerkschaften und die entsprechenden Vereine der Arbeitgeber nicht als politische Vereine behandelt werden dürfen, wenn sie sich mit solchen sozial- und wirtschaftspolitischen Angelegenheiten befassen, die mit ihrem eigentlichen Aufgabenkreise, der Erlangung günstiger Lohn- und Arbeitsbedingungen und der Wahrung und Förderung wirtschaftlicher und gewerkschaftlicher Interessen ihrer Mitglieder, in Zusammenhang stehen.

Meine Herren, der Gesetzentwurf enthält nichts anderes als die Erfüllung der in dieser Erklärung abgegebenen Zusage. Um ihn richtig zu würdigen, halte ich es angesichts der vielfachen Meinungsverschiedenheiten, die in der Presse über die Tragweite des Entwurfs hervorgetreten sind, doch für zweckmäßig, ganz kurz auf die Grundprinzipien unseres Reichsvereinsgesetzes hinzuweisen. Der § 1 des Reichsvereinsgesetzes enthält keinerlei Beschränkungen für die Bildung von Vereinen. Alle Reichsangehörigen haben das Recht, zu Vereinen zusammenzutreten, die den Strafgesetzen nicht zuwiderlaufen. Es wird also kein Unterschied gemacht zwischen gewerblichen und landwirtschaftlichen Arbeitern, zwischen Staatsarbeitern und Beamten. Ohne Unterschied steht allen Reichsangehörigen das Recht zu, derartige Vereine zu bilden. Keinerlei behördliche Mitwirkung findet statt, keine Einreichung von Satzungen, keine Genehmigung, keine Anzeige bei der Polizei wird verlangt.

Nur für die politischen Vereine sind drei Bestimmungen vorgesehen, einmal die Vorschrift, daß sie einen Vorstand wählen, eine Satzung haben müssen und daß Vorstand und Satzung und eventuelle Änderungen binnen zwei Wochen der Polizeibehörde anzuzeigen sind. Meine Herren, das ist eine Bestimmung ohne irgendeine einschränkende Bedeutung, ohne einen für das Vereinsleben hemmenden Sinn. Schließlich wird ja jeder Verein, auch der unpolitischste, auch jeder Skat- und Kegelklub, sich einen Vorstand wählen und eine Satzung geben. Diese Vorschrift behindert also das Vereinsleben in keiner Weise.

Bedeutungsvoll allein erscheint die Bestimmung des § 17, der vorsieht, daß Personen unter 18 Jahren politischen Vereinen nicht angehören und in Versammlungen derselben nicht erscheinen dürfen.

Nun, meine Herren, ist Ihnen ja bekannt, und die Begründung des Gesetzentwurfs erinnert im einzelnen daran, daß der Versuch, der schon beim Erlaß der einzelstaatlichen Vereinsgesetze unternommen ist und dann beim Erlaß des Reichsvereinsgesetzes wiederholt wurde, den Begriff des politischen Vereins zu bestimmen, gescheitert ist. *Bewußtermaßen ist es Praxis und Rechtsprechung überlassen, festzusetzen, was unter einem politischen Verein zu verstehen sei.* Ganz besonders hatte man sich bemüht, bei einer Kategorie von Vereinen eine derartige Begriffsbestimmung zu finden, und das waren die gewerkschaftlichen Organisationen, bei denen man den Wunsch hatte, sie von den immerhin einschränkenden Bestimmungen des Jugendlichenparagraphen für politische Vereine freizustellen. Auch an die Versuche, die in der Kommission des Vereinsgesetzes im Jahre 1907/08 in dieser Beziehung gemacht sind, erinnert die Begründung des Gesetzentwurfs. Man hat dann schließlich davon abgesehen, eine solche Begriffsbestimmung für gewerkschaftliche Organisationen zu geben, nachdem der damalige Herr Staatssekretär des Innern, der *jetzige Herr Reichskanzler, sich dahin ausgesprochen hatte, daß bei richtiger Auslegung des Gesetzes die in § 152 der Gewerbeordnung bezeichneten Angelegenheiten, nämlich Erlangung besserer Lohn- und Arbeitsbedingungen, überhaupt nicht als politische Angelegenheiten anzusehen sind.*

Meine Herren, ich lege Wert darauf, festzustellen, daß diese damals von dem Herrn Staatssekretär des Innern ausgesprochene Auffassung in der ganz überwiegenden Zahl der Fälle die Richtschnur für die Verwaltungsbehörden gewesen ist. Die Gewerkschaftsführer aller Richtungen, die diesem hohen Hause angehören, werden mir zugeben, daß gegenwärtig nur eine verschwindende Zahl von Gewerkschaften den Bestimmungen über politische Vereine unterstellt ist, daß heute in weitestem

Umfange jugendliche Arbeiter, junge Leute unter 18 Jahren, den Gewerkschaften angehören, insbesondere auch solchen, deren Mitglieder nicht unter die Gewerbeordnung fallen, also Gewerkschaften wie der Landarbeiterverband, Gewerkschaften, wie sie der Abgeordnete Behrens, Mitglied dieses Hauses, leitet, für Gärtnereiarbeiter, Landwirtschaftsarbeiter, Forstwirtschaftsarbeiter, Weinbergsarbeiter und dergleichen.

Dieser tatsächliche Zustand, den ich hiermit einwandfrei festgestellt zu haben glaube, entspricht nun nicht der Auslegung, die höchstrichterliche Entscheidungen dem Begriff des politischen Vereins gegeben haben. Auf S. 6 der Vorlage ist insbesondere hingewiesen auf eine Entscheidung des Preußischen Oberverwaltungsgerichts vom 4. Juli 1911, die dahin geht, daß ein Verein dann ein politischer sei, wenn er auf die Verfassung, Verwaltung oder Gesetzgebung des Staates, die staatlichen Rechte der Bürger oder die internationalen Beziehungen der Staaten zueinander einzuwirken suche, und es heißt dort:

> Dies gilt auch für die Vereine der gewerkschaftlichen Organisationen, und zwar auch dann, wenn sie im Rahmen ihrer Berufsinteressen politische Zwecke verfolgen (s. auch S. 10, 11).

Meine Herren, im Sinne dieser Rechtsprechung besteht eigentlich heutzutage ein vollkommen illegaler Zustand, und man versteht es durchaus, und es ist meiner Ansicht nach durchaus gerechtfertigt und verständlich gewesen, wenn der Berliner Polizeipräsident auf Grund dieser Entscheidung einer Reihe von Gewerkschaften gegenüber den Standpunkt vertreten hat, daß sie politische Vereine seien, in Verfügungen, die im Anfang des Jahres 1914 ergingen, damals großes Aufsehen erregten und dann nach Kriegsausbruch auf Anordnung des preußischen Ministers des Innern zurückgezogen sind. Ich glaube, im Sinne der Entscheidung des Oberverwaltungsgerichts treiben alle Gewerkschaften Politik. Ich kann mir schwer vorstellen, daß es eine Gewerkschaft gibt, die nicht, um ihre Berufsinteressen zu wahren, in irgendeiner Form eine Einwirkung auf die Verwaltung oder die Gesetzgebung ausüben sollte, wie durch Stellung von Anträgen an die Behörden oder Parlamente.

Um an ein naheliegendes Beispiel zu erinnern: wenn heute einer der Tabakarbeiterverbände Stellung zum Tabaksteuergesetz nimmt, was doch ganz selbstverständlich und naheliegend ist, so würde er im Sinne dieser Rechtsprechung damit zu einem politischen Verein werden.

Schon allein dieser Widerspruch zwischen der Rechtsprechung und der Praxis müßte zur Beseitigung dieses Zustandes führen. Es ist das ein Zustand, den, wie ich feststellen zu können glaube, bei Erlaß des Reichsvereinsgesetzes weder die Reichsleitung noch die verbündeten Regierungen gewollt haben, und ich bin überzeugt, daß ebenso der Reichstag in seiner ganz überwiegenden Mehrheit diesen Zustand nicht haben wollte. Ich darf daran erinnern, daß beispielsweise die bayerische Vollzugsanweisung vom 19. April 1908 sagt:

Gewerkschaftliche Vereine, die innerhalb des Rahmens des § 152 sich mit Berufs- und Standesfragen ihrer Mitglieder befassen, sind als politische Vereine nicht anzusehen.

Das ist etwas kürzer genau dasselbe, was dieser Gesetzentwurf jetzt in der Sprache der Gesetzgebung ausführlicher sagt, indem er definiert, was unter gewerkschaftlichen Vereinen zu verstehen sei. Im Sinne dieser Anweisung ist in Bayern verfahren worden, und soviel ich weiß, ist nie in Bayern irgendeine Gewerkschaft oder ein Zweigverein einer der Gewerkschaften, auch nicht der landwirtschaftlichen Gewerkschaften, als ein politischer Verein erklärt worden.

Die Rechtsunsicherheit, die durch den Widerspruch zwischen der Rechtsprechung und dem tatsächlichen Zustande eingetreten ist, muß beseitigt werden. Das liegt im Interesse der Rechtseinheit, eines hohen Rechtsgutes des deutschen Volkes, es liegt im Interesse der Gewerkschaften, die sich ja jetzt im Kriege als notwendiges Glied unserer ganzen Volkswirtschaft erwiesen haben, und sie kann nicht anders beseitigt werden als durch eine authentische Auslegung des Willens des Gesetzgebers. Etwas anderes als eine derartige authentische Auslegung will der Gesetzentwurf, der Ihnen vorliegt, nicht geben ....

Meine Herren, indem ich den Gesetzentwurf Ihrer Annahme empfehle, betone ich noch einmal, daß er nach der Überzeugung der verbündeten Regierungen und der Reichsleitung nur einen deklaratorischen Charakter hat, daß sie damit nicht an eine materielle Änderung des Vereinsgesetzes herantreten wollten."

Auf diese Erklärung des Vertreters der verbündeten Regierungen Bezug nehmend, führte dann zunächst der Abgeordnete Becker (Arnsberg) (Sten.Ber. S. 1015 C, D) aus: „Der Herr Ministerialdirektor

Dr. Lewald hat mit Recht gesagt: das vorliegende Gesetz will nichts anderes, als den gesetzgeberischen Willen, wie er in dem Gesetz von 1908 zum Ausdruck kam, klar umschreiben, damit der gesetzgeberische Wille nicht mehr durch Gerichts- und durch Verwaltungsbehörden mißachtet werden kann. Das ist nur zu begrüßen, denn auf diese Weise wird die staatliche Autorität gefördert und nicht geschwächt. Die Erklärungen, die 1908 zum Vereinsgesetz gegeben worden sind, lassen erkennen, daß man die gewerkschaftlichen Organisationen nicht zu politischen Vereinen stempeln wollte, wenn sie sich mit Berufs- und Standesinteressen befassen. Nur die Fassung des Gesetzes von 1908 hat den Verwaltungsbehörden diese Auslegungsmöglichkeit gegeben. Man hat sich allerdings damals bemüht, dem Begriff „politisch" eine bessere Umschreibung zu geben. Man ist aber nicht zu Wege gekommen und hat dann geglaubt, mit den Erklärungen der Behörden auszukommen. Aber darin hat man sich getäuscht. Der Träger des gesetzgeberischen Willens von 1908 hat zum Ausdruck gebracht, daß die Koalitionen der Arbeiter nicht als politisch erklärt werden sollen, wenn sie sich mit Berufs- und Standesinteressen beschäftigen. Die Herren von der äußersten Rechten haben dem zugestimmt; mit ihrem Willen ist das Gesetz von 1908 zustande gekommen. Das jetzige Gesetz will nun nichts anderes, als auch den Willen der Herren von der äußersten Rechten gegen den Willen der Verwaltungsbehörde zur Durchführung bringen.

Dieses Gesetz — das werden Sie nicht leugnen können — bringt den gesetzgeberischen Willen von 1908 zum Ausdruck. Schon die vielen Erklärungen, die in dem Kommissionsbericht festgelegt sind, und denen Sie (nach rechts) durch Annahme des Gesetzes zugestimmt haben, zeigen, daß das Gesetz von 1908 nicht die Koalition der Arbeiter in einer Betätigung, die mit ihrem ureigensten Aufgabengebiet zusammenhängt, hindern wollte. Also das jetzige Gesetz will den gesetzgeberischen Willen von 1908 zur Ausführung bringen."

In der darauf folgenden Sitzung vom 11. Mai 1916 nahm dann derselbe Vertreter der verbündeten Regierungen nochmals Veranlassung, gegenüber dem Bestreiten des Abgeordneten Dr. Oertel, daß es sich nur um eine „Deklaration" des Willens des Vereinsgesetzes von 1908 handele, und gegenüber dessen Behauptung, daß das Gesetz ein „Sondergesetz zugunsten der Gewerkschaften“ sei (Sten.Ber. S. 1034 B), zu erklären: „Der Gesetzentwurf ist im wesentlichen nur eine Sicherung gegen eine unsichere und schwankende Praxis, wie sie durch die Rechtsprechung der Verwaltungs- und der ordentlichen Gerichte hervorgerufen ist.“ „Der vorliegende Gesetzentwurf enthält keine Erweiterung des Vereinsrechtes gegenüber dem bestehenden Zustande, sondern er wehrt nur eine ungleichmäßige, zu einer Rechtsunsicherheit führende Handlung des Vereinswesens ab“ (Sten.Ber. S. 1037 B, C). „Es soll jetzt weiter nichts geschehen“, so sagte noch der Abgeordnete Dr. Junck (Sten.Ber. S. 1038 A), „als daß der eigentliche Wille des Gesetzgebers der Rechtsprechung gegenüber durchgesetzt wird. Die Rechtsprechung hat gegen den Gesetzgeber Front gemacht. Nun will der Gesetzgeber damit Schluß machen und will seinen wirklichen Willen zum Durchbruch bringen; und zwar stelle ich fest, daß dieser Wille zwischen Reichstag und Bundesrat durchaus übereinstimmend gewesen ist.“ Auch bei der Kommissionsberatung wurde dieselbe Auffassung vertreten. Von mehreren Mitgliedern wurde wiederholt hervorgehoben, „daß es sich bei der Regierungsvorlage lediglich um eine authentische Interpretation des Reichsvereinsgesetzes handele, also um eine Sicherung der richtigen Auslegung desselben. Der Widerspruch zwischen Gesetzgebung und Praxis habe allein die Vorlage veranlaßt, die eine nur deklaratorische Bedeutung habe“. „Die Vorlage wolle“, so betonte auch ein Vertreter der verbündeten Regierungen, „nur den Gewerkschaften und ähnlichen Vereinen die Sicherheit geben, daß sie nicht wieder als politische Vereine behandelt werden könnten, wenn sie sich innerhalb des darin vorgesehenen Rahmens hielten. Das sei der Zweck und die Bedeutung der Vorlage.“ Kom.Ber. S. 4, 5, 9.

Als dann der Abgeordnete Dr. Oertel bei der zweiten Beratung des Entwurfes in der Vollversammlung des Reichstages wiederum auf die Frage zurückkam und behauptete (Sten. Ber. S. 1480 C), „es sei allgemein zugestanden, daß das Gesetz, wenn man das offen aussprechen wolle, ein Sondergesetz zugunsten der Berufsvereine oder — noch offener — zugunsten der Gewerkschaften“ sei, trat ihm der Vertreter der verbündeten Regierungen Dr. Lewald nochmals mit folgenden Ausführungen entgegen (Sten.Ber. S. 1486 A, B): „Herr Dr. Oertel hat lebhaft bestritten, daß es sich bei diesem Gesetz um eine Deklaration handelt. Die verbündeten Regierungen und der Reichstag stehen unbedingt auf dem Standpunkte, daß es ein deklaratorisches Gesetz ist, und sie tun das aus dem Umstande heraus, daß, wie ganz unzweifelhaft von allen Seiten anerkannt worden ist, unter dem gegenwärtigen Rechtszustande eine erhebliche Zahl von Personen unter 18 Jahren den Gewerkschaften angehören, und sie tun es aus dem weiteren Umstande heraus, daß ganz unzweifelhaft in — ich möchte sagen: allen Gewerkschaften im Sinne der Wirtschafts- und Sozialpolitik Politik getrieben wird — der Herr Abgeordnete Giesberts nickt mir eben zustimmend zu. Wenn man Politik in dem weiten Sinne auffaßt, wie dies in dem bekannten Urteil des Preußischen Oberverwaltungsgerichts vom Jahre 1911 geschehen ist (s. S. 10, 11), so möchte ich die Gewerkschaft mir einmal zeigen lassen, von der nicht Politik getrieben wird im Sinne dieses Gesetzes. Meine Herren, nach den Entscheidungen des Oberverwaltungsgerichts ist aber dieser Zustand ein Zustand per nefas (ein unrechtmäßiger); nach dieser höchstrichterlichen Auslegung verstießen alle Gewerkschaften, die Jugendliche zu Mitgliedern hatten, gegen die gesetzliche Vorschrift. Da konnte man sich doch nur fragen, ob man einen Zustand fortbestehen lassen wollte, der dahin führte, daß die Leiter von Vereinen, von denen manche Hunderttausende von Personen zu Mitgliedern haben, unter den Augen der Behörden etwas Verbotenes und Strafbares dulden, wenn dieser Zustand von dem Gesetzgeber gar nicht gewollt ist. Und daß das von dem Gesetzgeber nicht gewollt ist, das ist auch ganz unzweifelhaft. Ich kann mich da auch auf eine Äußerung meines jetzt gerade zurückgetretenen Chefs, des Staatsministers Dr. Delbrück, berufen, den er vor dem Kriege getan hat. Er hat in einer Rede im Jahre 1914 gesagt: darüber wären wir uns alle vollkommen klar gewesen, daß die Gewerkschaften an sich nach dem Willen des Gesetzgebers nicht als politiche Vereine angesehen werden sollten."

Und bekräftigt wurden schließlich die bisherigen Erklärungen des Vertreters der verbündeten Regierungen bei der zweiten Beratung des Entwurfes noch durch den Staatssekretär des Innern Dr. Helfferich (Sten.Ber. S. 1494 D): „Die verbündeten Regierungen haben geglaubt, berechtigten Wünschen durch eine Deklaration des bestehenden Gesetzes Rechnung tragen zu können, durch eine Deklaration, die eine mit den Absichten des Gesetzgebers nicht im Einklang stehende Anwendung des bestehenden Gesetzes nach Möglichkeit ausschließen soll."

II.

Grundgedanke des neuen Gesetzes.

Der Grundgedanke des Gesetzes ist, wie es in der Begründung des Entwurfs (S. 11) heißt, der:

„Die für politische Vereine und ihre Versammlungen geltenden besonderen Vorschriften des Reichsvereinsgesetzes sollen auf einen bestimmten Kreis von Vereinen nicht anwendbar sein, soweit diese Vereine Einwirkungen auf politische Angelegenheiten nur innerhalb gewisser hier vorgezeichneter Grenzen ausüben."

Diesem Gedanken soll Ausdruck verliehen werden durch die Fassung des Gesetzes: „Die Vorschriften der §§ 3, 17 über politische Vereine und deren Versammlungen sind auf Vereine von Arbeitgebern und Arbeitnehmern zum Behufe der Erlangung günstiger Lohn- und Arbeitsbedingungen nicht aus dem Grunde anzuwenden, weil usw." „Es soll", wie der Vertreter der verbündeten Regierungen, Direktor im Reichsamt des Innern Dr. Lewald bei Beginn der Verhandlungen über den Entwurf im Reichstag sich ausdrückte (Sten. Ber. S. 1012 C), „gesetzlich festgelegt werden, daß die Gewerkschaften und die entsprechenden Vereine der Arbeitgeber nicht als politische Vereine behandelt werden dürfen, wenn sie sich mit solchen sozial- und wirtschaftspolitischen Angelegenheiten befassen, die mit ihrem eigentlichen Aufgabenkreise, der Erlangung günstiger Lohn- und Arbeitsbedingungen und der Wahrung und Förderung wirtschaftlicher und gewerkschaftlicher Interessen ihrer Mitglieder, in Zusammenhang stehen". Diesen Ausführungen fügte er dann noch, gleichzeitig, um die „etwas schwerfällige Form" der Fassung des Gesetzentwurfes zu rechtfertigen, hinzu (Sten.Ber. S. 1014 A): „Die verbündeten Regierungen sind der Überzeugung, daß diese Form die klarste und zweifelfreiste ist und am besten den von ihr verfolgten Zweck erreicht. Dabei wird an dem Begriff des politischen Vereins selbst nicht gerührt. Die Rechtsprechung bleibt deshalb in Kraft und es wird nur ausgesprochen, daß diejenigen Vereinsbetätigungen, die von der Rechtsprechung für politisch erklärt sind, nämlich die Beschäftigung mit sozialen und wirtschaftspolitischen Fragen, nicht einen Verein, dessen Hauptzweck die Erringung besserer Lohn- und Arbeitsbedingungen ist, zu einem politischen Verein machen." Und der Abgeordnete Dr. Müller-Meiningen faßte bei der ersten Beratung des Entwurfes „die Generalidee der Vorlage" zutreffend dahin zusammen, daß Berufsvereine nicht als politische Vereine gelten sollen, wenn sie Fragen der „Sozialpolitik" oder der „Wirtschaftspolitik" behandeln und wenn diese Behandlung in einem vernünftigen Zusammenhange mit ihren sonstigen eigentlichen Arbeiten steht, nämlich der Erhaltung und Erlangung günstiger Arbeits- und Lohnbedingungen. Sten.Ber. S. 1018 D, 1019 A.

Nach § 3 des Vereinsgesetzes bestehen für politische Vereine, das sind Vereine, die „eine Einwirkung auf politische Angelegenheiten bezwecken", folgende besondere, für andere Vereine nicht geltende Vorschriften:

1. Der politische Verein muß einen Vorstand und eine Satzung haben.
2. Der Vorstand ist verpflichtet, binnen zwei Wochen nach Gründung des Vereins die Satzung sowie das Verzeichnis der Vorstandsmitglieder der für den Sitz des Vereins zuständigen Polizeibehörde einzureichen.
3. Ebenso ist jede Änderung der Satzung sowie in der Zusammensetzung des Vorstandes binnen zwei Wochen nach Eintritt der Änderung anzuzeigen.

Neben diesen weniger wichtigen Forderungen enthält § 17 für politische Vereine und deren Versammlungen noch die bedeutungsvolle einschränkende Bestimmung:

> Personen, die das achtzehnte Lebensjahr noch nicht vollendet haben dürfen nicht Mitglieder von politischen Vereinen sein und in den Versammlungen solcher Vereine, mit Ausnahme von Veranstaltungen zu geselligen Zwecken, nicht anwesend sein.

Diesen für politische Vereine und deren Versammlungen geltenden besonderen Vorschriften sind nunmehr nach § 17a „Vereine von Arbeitgebern und Arbeitnehmern zum Behufe der Erlangung günstiger Lohn- und Arbeitsbedingungen" (Gewerkschaften und ähnliche Berufsvereine) nicht mehr unterworfen, wenn diese Vereine nur bezwecken auf solche Angelegenheiten der Sozial- oder Wirtschaftspolitik einzuwirken, die mit der Erlangung oder Erhaltung günstiger Lohn- oder Arbeitsbedingungen oder mit der Wahrung oder Förderung wirtschaftlicher

Zwecke zugunsten ihrer Mitglieder oder mit allgemeinen beruflichen Fragen im Zusammenhange stehen.

Anders ausgedrückt: Wenn und solange die hier genannten Vereine — Gewerkschaften und gleichartigen Vereine von Arbeitnehmern und Arbeitgebern — sich im Rahmen ihrer eigentlichen Aufgaben und Zwecke — Wahrung oder Förderung der wirtschaftlichen und beruflichen Interessen ihrer Mitglieder — bewegen und sich nicht auf das Gebiet der sogenannten reinen, eigentlichen Politik begeben oder sich nicht mit solchen sozial- und wirtschaftspolitischen Angelegenheiten befassen, die „mit der Erlangung oder Erhaltung günstiger Lohn- oder Arbeitsbedingungen usw." nicht im Zusammenhange stehen, so lange sind sie nicht als politische Vereine anzusehen und nicht den für diese Vereine und ihre Versammlungen geltenden Sondervorschriften des Vereinsgesetzes unterworfen. Die genannten Vereine brauchen also insbesondere (gesetzlich) keinen Vorstand und keine Satzung zu haben, brauchen der Polizeibehörde keine Satzung und kein Verzeichnis der Vorstandsmitglieder einzureichen, auch von Änderung der Satzung sowie von Änderung in der Zusammensetzung des Vorstandes keine Anzeige zu machen. Sie können Personen unter 18 Jahren als Mitglieder aufnehmen und an ihren Versammlungen teilnehmen lassen.

Das Gesetz will aber nicht sagen, daß die im § 17a bezeichneten Vereine unter keinen Umständen als politische Vereine gelten sollen, nur insoweit und nur so lange sollen sie es nicht, als sie sich in den für ihre Tätigkeit im Gesetze selbst bezeichneten Grenzen halten. Wenn sie dagegen, über den Rahmen ihrer eigentlichen Aufgaben und Bedürfnisse hinausgehend, eine Einwirkung auf reinpolitische Angelegenheiten (s. S. 67 ff.) oder auf solche sozial- oder wirtschaftspolitische Angelegenheiten bezwecken, die mit ihren eigentlichen Vereinsaufgaben nicht im Zusammenhange stehen (s. S. 82 ff.), gleichgültig, ob diese Einwirkung ihr einziger Zweck, Haupt- oder Nebenzweck ist, so sind sie auch fernerhin als politische Vereine anzusehen, und die für diese gegebenen Sondervorschriften in §§ 3 und 17 bleiben nach wie vor auch auf sie anwendbar. Dazu ist aber noch zu bemerken, daß eine bloß gelegentliche Einwirkung regelmäßig nicht genügt, sie als „bezweckt" erscheinen zu lassen, insbesondere dann nicht, wenn sie eine nur für den einzelnen Fall gewollte ist. Andererseits kann trotzdem wieder unter Umständen schon aus einer tatsächlichen Einwirkung in einzelnen Fällen geschlossen werden, daß der Verein eine Einwirkung bezweckt. Näheres hierzu siehe S. 81, 82. Besondere Beachtung seitens Rechtsprechung und Verwaltungsbehörden verdient in dieser Beziehung die Ausführung des Vertreters der verbündeten Regierungen in der Kommissionsberatung (KomBer. S. 8): Man werde eine Gewerkschaft nicht gleich, wenn sie einmal die von der Vorlage gezogenen Grenzen überschreite, als einen politischen Verein behandeln, sondern dazu erst schreiten, wenn eine Gewerkschaft durch wiederholtes Hinausgehen über den Rahmen, den die Vorlage vorzeichne und der den Bedürfnissen der Gewerkschaften nach deren eigenem Zeugnis durchaus genüge, die Absicht zu erkennen gebe, sich mit eigentlicher Politik zu befassen.

III.

Erläuterungen zur Gesetzesvorschrift.

Kreis der betroffenen Vereine.

Was den Kreis der Vereine betrifft, auf welche die neue Vorschrift Anwendung finden soll, so sollen nach dem Zweck der Neuregelung nur solche Vereine erfaßt werden, die sich die Erlangung günstiger Lohn- und Arbeitsbedingungen für ihre Mitglieder zur Aufgabe machen. Das Gesetz will lediglich die — von vornherein nicht beabsichtigten — Schwierigkeiten beseitigen, die gerade der Erfüllung dieser Aufgabe sowie auch der Ausübung von Wohlfahrtsbestrebungen derselben Vereine für ihre Mitglieder unter den gegenwärtigen Verhältnissen hinderlich sind. Begr. des Entw. S. 11. Soweit aber Vereine die angeführten Zwecke verfolgen, ist es gleichgiltig, ob es sich um Vereine von Arbeitnehmern oder Arbeitgebern handelt. Beide Klassen werden vom Gesetze gleichmäßig erfaßt und stehen in bezug auf die gewährte Erleichterung ganz gleich.

Die Art des Vereines macht für die Frage, ob die neue Bestimmung auf ihn anwendbar ist, keinen Unterschied. Es werden von der Vorschrift nicht nur Gewerkschaften, Werkvereine und andere Organisationen, die Vereine im Sinne des Vereinsgesetzes sind, sondern Arbeitnehmervereine aller Art erfaßt, und ebenso sind bei den Arbeitgebervereinen die Bezeichnung und der Charakter des Vereines für diese Frage ohne Bedeutung, sofern nur bei der einen wie bei der anderen Gruppe die in der Vorschrift angegebenen Erfordernisse erfüllt sind. In der Regel wird es sich der Natur der Sache nach um Vereine handeln, die entweder aus Arbeitgebern oder aus Arbeitnehmern bestehen. Es ist aber nach der Fassung des Gesetzes nicht ausgeschlossen, auch solche Vereine darunter zu begreifen, denen sowohl Arbeitgeber wie Arbeitnehmer als Mitglieder angehören, wie dies z. B. bei kaufmännischen Verbänden vorkommt, vorausgesetzt, daß sie, was denkbar ist, eine Regelung der Lohn- und Arbeitsverhältnisse bezwecken, die jeder der beiden Teile als für ihn günstig ansehen kann. Begr. des Entw. S. 11, 12.

Zweigvereine (Filialen), Ortsgruppen, Zahlstellen u. dgl.

Unter die vom Gesetz benannten „Vereine" fallen auch ohne weiteres die sogen. „Zweigvereine" gleicher Art, überhaupt alle Abteilungen und Abzweigungen jener Vereine, einerlei, welche Bezeichnung sie tragen, mögen sie sich „Bezirksverein", „Ortsverein", „Ortsgruppe", „Zahlstelle", „Filiale" oder sonstwie nennen. Regelmäßig wird es sich bei diesen um selbständige „Vereine" handeln. Dies wird namentlich immer dann der Fall sein, wenn die Abzweigung eine selbständige Satzung hat oder neben den Zwecken des Hauptvereins unabhängig von diesem auch eigene Zwecke verfolgt und dafür besondere Mittel verwendet. Unselbständige Abzweigungen eines Vereins müssen wie bloße Teile eines einheitlichen Vereins behandelt werden, für sie sind ohne weiteres die für den Verein selbst geltenden gesetzlichen Vorschriften maßgeblich. (Begründ. zum Entwurf eines Gesetzes betreffend gewerbliche Berufsvereine, Drucks. des Reichstages, 11. Legislatur-Periode, II. Session 1905/07, Nr. 533, S. 36.)

Vereine von Reichsangehörigen nichtdeutscher Nationalität; polnische Vereine.

Bei der Kommissionsberatung wurde der Antrag gestellt, dem Abänderungsgesetz bezüglich des § 17a folgende Fassung zu geben (Kom.Ber. S. 2 Nr. 3 Ziff. 2):

„Die Vorschriften der §§ 3, 17 über politische Vereine und deren Versammlungen sind auf Berufsvereine sowie auf Vereine von Arbeitgebern und Arbeitnehmern zum Behufe der Erlangung günstiger Lohn- und Arbeitsbedingungen nicht aus dem Grunde anzuwenden, weil diese Vereine aus Reichsangehörigen nichtdeutscher Nationalität bestehen oder weil sie auf solche Angelegenheiten der Sozialpolitik usw. (wie im Regierungsentwurf)."

In Verbindung mit diesem Antrage wurde die Frage gestellt, ob die polnischen Gewerkschaften in Zukunft gleich den übrigen behandelt werden sollten. Jedenfalls müsse man sicherstellen, daß die Vorschriften über politische Vereine und Versammlungen auf Berufsvereine nicht aus dem Grunde angewendet würden, daß diese Vereine aus Reichsangehörigen nichtdeutscher Nationalität bestehen. Dagegen wurde eingewendet, daß die Vorlage für alle Organisationen gelte, auch für polnische; würde man für die Polnisch sprechenden Mitglieder eine besondere Bestimmung in den § 17a einfügen, dann müßte man ebenso auch für die Landarbeiter, Staatsarbeiter besondere Bestimmungen treffen, um die vielleicht aufgetauchten Bedenken zu zerstreuen. Jede solche Aufzählung sei aber für die Auslegung sehr gefährlich (Kom.Ber. S. 13).

Hierzu gab ein Regierungsvertreter folgende Erklärung ab:

„Berufsvereine könnten nicht lediglich deshalb, weil sie aus Reichsangehörigen nichtdeutscher Nationalität beständen und sich in ihren Versammlungen fremder Sprachen bedienten, für politische Vereine erklärt werden. Es kämen auch den aus polnischen Mitgliedern bestehenden Vereinen der in der Vorlage bezeichneten Art deren Vorteile zugute, solange sie sich innerhalb der vorgeschriebenen Grenzen hielten."

Der Antrag wurde daraufhin abgelehnt. Kom.Ber. S. 13.

Bei der zweiten Beratung der Vorlage in der Vollversammlung des Reichstages vom 5. Juni 1916 kam der Abgeordnete Dr. v. Laszewski nochmals auf die Erklärung des Regierungsvertreters in der Kommissionsberatung zurück mit dem Bemerken, daß sie „als authentische Interpretation des § 17a zu gelten habe". Er stelle ferner fest, daß der Herr Regierungsvertreter dieser seiner Erklärung hinzugefügt habe, es sollten für die Zukunft Vereine der in der Vorlage gedachten Art, soweit sie bisher aus den in seiner Erklärung angegebenen Gründen als politisch behandelt worden sind, sich bei der zuständigen Behörde melden und ihre Streichung in dem Verzeichnis politischer Vereine beantragen, er gebe sich der Hoffnung hin, daß die von der Regierung als dem einen Gesetzesfaktor gegebene und von dem Reichstag als dem anderen Gesetzesfaktor angenommene bzw. heute anzunehmende authentische Interpretation des § 17a eine unantastbare Regel für Gericht und Verwaltung werden wird. Sten.Ber. S. 1494 B.

Im unmittelbaren Anschluß hieran bestätigte dann der

Staatssekretär des Innern Dr. Helfferich die in der Kommission seitens des Vertreters der verbündeten Regierungen abgegebene Erklärung. Damit sei festgestellt, daß auch für die deutschen Reichsangehörigen polnischer Nationalität dieses Gesetz eine Erleichterung und einen Fortschritt bedeute. Sten.Ber. S. 1494 B und C.

Andere Arbeitervereine und nichtgewerbliche Berufs- oder Standesvereine.

Auf andere als die im Gesetz bezeichneten Vereine, insbesondere auf Arbeiterbildungs-, Belehrungs- und Unterhaltungsvereine, Arbeiterturnvereine, Arbeiterjugendvereine (Gesangvereine, Turn-, Radfahrer- und andere Sportvereine, Samaritervereine u. dgl.) erstreckt sich das neue Gesetz nicht.

Auch andere Berufs- oder Standesvereine werden davon nicht betroffen. „Für andere Vereine", so heißt es in der Begründung des Entwurfs (S. 11), „kann auch hinsichtlich der Wirkung ein Bedürfnis nach Befreiung von den Vorschriften des Vereinsgesetzes über politische Vereine nicht anerkannt werden."

Bereits in dem von der 8. Kommission des Reichstags im August 1915 beschlossenen „Entwurf eines Gesetzes betreffend Änderung des Reichs-Vereinsgesetzes vom 19. April 1908" war vorgesehen, daß Berufs- und Standesvereine allgemein nicht als politische Vereine gelten und nicht den für diese geltenden Sondervorschriften unterworfen sein sollten. Der Antrag auf Änderung des Vereinsgesetzes hatte zunächst folgende Fassung:

„§ 3 Abs. 1.

Ein Verein, der bezweckt, politische Gegenstände in Versammlungen zu erörtern (politischer Verein), muß einen Vorstand und eine Satzung haben. Nicht als politische Vereine gelten solche Vereine, deren Zweck ist, günstige Lohn- und Arbeitsbedingungen für ihre Mitglieder oder weitere Kreise herbeizuführen oder zu erhalten, auch wenn sie bei Verfolgung ihrer Zwecke auf politische Parteien, auf die Verfassung, Verwaltung und Gesetzgebung des Staates oder anderer öffentlicher Körperschaften einzuwirken suchen."

In der Kommissionsberatung wurde hierzu von einer Seite hervorgehoben, „daß es vorzuziehen sei, an die Stelle der Definition in den Worten „Vereine, deren Zweck ist, günstige Lohn- und Arbeitsbedingungen für ihre Mitglieder oder weitere Kreise herbeizuführen oder zu erhalten", den kürzeren und durchaus verständlichen Begriff des „Berufsvereins" einzuführen. Um anzuzeigen, daß auch die

Ärztevereine, Musikerverbände, Verbände der selbständigen Gewerbetreibenden, der Richterverein, die Beamtenvereine, Arbeitgeber wie Arbeitnehmer unter den Begriff „Berufsvereine" fallen sollten, sei die Beisetzung der „Standesvereine" nützlich." Auch von anderer Seite wurde darauf verwiesen, daß man kein Ausnahmerecht für Arbeitervereine im engeren Sinne hier schaffen könne. Zuletzt wählte man die Bezeichnung „Verein von Berufsgenossen oder Angehörigen verschiedener Berufe und Standesvereine". Sie alle sollten ausdrücklich nicht „als politische Vereine gelten, sie sollten von dem allgemeinen Begriffe des „politischen Vereins" nach Abs. 1 des § 3 ausgenommen werden, auch wenn sie eine gewisse politische Vereinstätigkeit zur Verfolgung ihrer Zwecke für erforderlich erachten". Die Kommission einigte sich dann zu folgendem Beschlusse:

Der § 3 Abs. 1 erhält folgende Fassung:

„Ein Verein, der bezweckt, politische Gegenstände in Versammlungen zu erörtern (politischer Verein), muß einen Vorstand und eine Satzung haben. Nicht als politische Vereine gelten Vereine von Berufsgenossen oder Angehörigen verschiedener Berufe und Standesvereine, auch wenn sie zur Verfolgung ihrer Zwecke politische Gegenstände in Versammlungen erörtern."

Bericht der 8. Kommission zur Vorberatung des Entwurfs eines Gesetzes, betreffend Änderung des Reichs-Vereinsgesetzes vom 19. April 1908, Drucks. Nr. 133 des Reichstages, 13. Legislatur-Periode, II. Session 1914/15, S. 1, 5, 6, 8, 9.

In dieser Fassung wurde der Entwurf dann auch vom Reichstag in der Sitzung vom 27. August 1915 in zweiter und dritter Beratung angenommen. Sten.Ber. S. 396, 397.

Der Entwurf fand aber nicht die Zustimmung der verbündeten Regierungen, wurde vielmehr von ihnen, weil in mehrfacher Beziehung zu weitgehend, als unannehmbar abgelehnt (s. auch S. 16). Dieser Stellungnahme entsprechend, sind auch die Berufs- und Standesvereine in ihrer Allgemeinheit nicht in den Regierungsentwurf einbezogen worden. In der Begründung des Entwurfs (S. 11) wird dies damit gerechtfertigt: Der Gesichtspunkt, der in der Kommissionsberatung (1915) für die dort beschlossene und demnächst auch vom Reichstag angenommene beträchtliche Erweiterung geltend gemacht worden sei, „man könne und dürfe hier kein Ausnahmerecht für Arbeitervereine im engeren Sinne schaffen" (Kom.Ber., Drucks. Nr. 133, S. 5), könne nicht für zutreffend erachtet werden. Denn, abgesehen davon, daß nach der Vorlage auch den gleichartige Zwecke verfolgenden Verbänden von Arbeitgebern dieselbe Erleichterung zuteil werden solle, könne von der Schaffung eines Ausnahmerechtes schon deshalb keine Rede sein, weil sich die Mängel, welche die Vorlage abstellen wolle, nur innerhalb des von ihr in Betracht gezogenen Kreises in einer Weise geltend gemacht hätten, die ein Einschreiten der Gesetzgebung notwendig erscheinen lasse.

Trotzdem wurde in der Kommissionsberatung nochmals beantragt, die Berufsvereine im allgemeinen, der Fassung des Reichstagsbeschlusses vom 27. August 1915 gemäß, in die Gesetzesbestimmung hineinzubeziehen. Es wurde die Anfrage an die Regierung gestellt, ob der Wortlaut des Initiativantrages des Reichstages (Drucks. Nr. 56 Ziff. IV u. V und Bericht der 8. Kommission Nr. 133 der Legislatur-Periode, II. Session 1914/15), der klarer erscheine, als der vorliegende Gesetzentwurf, für die verbündeten Regierungen annehmbar sei oder nicht. Darauf erklärte ein Vertreter der verbündeten Regierungen folgendes:

> Der vom Reichstag in der Sitzung vom 27. August 1915 angenommene Gesetzentwurf habe der Befreiung gewisser Vereine von den Vorschriften des Vereinsgesetzes über die politischen Vereine eine Gestaltung gegeben, die nach der Ansicht der verbündeten Regierungen in mehrfacher Beziehung zu weit gehe. Auf die Anfrage des Vorredners habe er zu erklären, daß die Bestimmung in dieser Fassung für die verbündeten Regierungen unannehmbar sei. Er verweise für diese Stellungnahme auch auf die in der Vollversammlung des Reichstags vom 18. Januar 1916 im Namen der verbündeten Regierungen abgegebene Erklärung (s. S. 16, 17).

Der Antrag wurde daraufhin abgelehnt. Kom.Ber. Drucks. Nr. 351 des Reichstages, 13. Legislatur-Periode, II. Session 1914/16, S. 2 Nr. 1, S. 4, 13.

„Arbeitgeber" und „Arbeitnehmer".

Die Bezeichnungen „Arbeitgeber" und „Arbeitnehmer" sind, soweit die Erlangung günstiger Lohn- und Arbeitsbedingungen Vereinszweck ist, im weitesten Sinne zu verstehen. Begr. d. Entw. S. 11.

Was insbesondere die Arbeitnehmer anlangt, so ist keine Arbeitergruppe von dem Geltungsbereich des Gesetzes ausgeschlossen. Namentlich beschränkt sich dieses nicht etwa auf die „gewerblichen Arbeiter" im Sinne des Titels VII der

Gewerbeordnung. Das Gesetz gilt vielmehr für die gesamte Arbeiterschaft.

Zu den Arbeitnehmern gehören des weiteren nicht nur Arbeiter aller Arten, sondern auch Angestellte, Betriebsbeamte, Werkmeister, Techniker, Gehilfen, Lehrlinge usw. Hierauf bezieht sich, nach der Erklärung eines Regierungsvertreters bei der Kommissionsberatung (Kom.Ber. S. 19) die Bemerkung in der Begründung (S. 11), daß die Bezeichnung „Arbeitnehmer" in der Vorlage „im weitesten Sinne" zu verstehen sei.

Hausgewerbetreibende sowie Zwischenmeister können Arbeitnehmer, zum Teil auch Arbeitgeber sein. Begr. d. Entw. S. 11; Erklärung des Regierungsvertreters in der Kommissionsberatung, Kom.Ber. S. 19.

Staatsarbeiter.

Das Gesetz bezieht sich insbesondere auch auf die Staatsarbeiter, wie ja auch das Vereinsgesetz überhaupt auf sie Anwendung findet. Das wurde bereits bei der ersten Beratung des Entwurfs in der Vollversammlung regierungsseitig ausgesprochen. „Der § 1 des Reichsvereinsgesetzes", so führte der Direktor im Reichsamt des Innern Dr. Lewald aus (Sten.Ber. S. 1012 D), „enthält keinerlei Beschränkung für die Bildung von Vereinen. Alle Reichsangehörigen haben das Recht, zu Vereinen zusammenzutreten, die den Strafgesetzen nicht zuwiderlaufen. Es wird also kein Unterschied gemacht zwischen gewerblichen und landwirtschaftlichen Arbeitern, zwischen Staatsarbeitern und Beamten. Ohne Unterschied steht allen Reichsangehörigen das Recht zu, derartige Vereine zu bilden. Keinerlei behördliche Mitwirkung findet statt, keine Einreichung von Satzungen, keine Genehmigung, keine Anzeige bei der Polizei wird verlangt. Nur für die politischen Vereine sind drei Bestimmungen vorgesehen usw." Hierzu bemerkte dann zunächst der Abgeordnete Dr. Müller-Meiningen (Sten.Ber. S. 1020 A): „Es wurde heute bereits betont — und ich möchte das auch noch einmal unterstreichen —, daß die Staatsarbeiter unzweifelhaft unter diese Gesetzesvorlage zu subsumieren sind. Es kann auch gar nicht bestritten werden, daß de jure nach dem Gesetz die Staatsangestellten, auch die Beamten und Unterbeamten, das freie Vereins- und Versammlungsrecht besitzen." In gleicher Weise drückte sich dann der Abgeordnete Dr. Junck aus (Sten.Ber. S. 1037 D, 1038 A): „Ich möchte ausdrücklich hervorheben", so erklärte er, „die Staatsarbeiter fallen an sich unter das Gesetz. Also die Befreiungen, die das Gesetz bringt, kommen an sich auch den Staatsarbeitern zugute. Denn das Gesetz macht keinen Unterschied zwischen den verschiedenen Arten der Berufsvereine, und zum Überfluß hat bei Einleitung unserer Beratungen der Herr Ministerialdirektor Dr. Lewald das noch besonders konstatiert: auch die Staatsarbeiter werden von dem Gesetze betroffen."

Weiterhin bildete dann bei der Kommissionsberatung die Frage nach der zukünftigen vereinsrechtlichen Stellung der Staatsarbeiter den Gegenstand einer ausführlichen Besprechung. Es war der Antrag gestellt worden, folgende Resolution anzunehmen (Kom.Ber. S. 3):

„den Herrn Reichskanzler zu ersuchen, dafür Sorge zu tragen, daß das durch das Reichsvereinsgesetz sichergestellte Vereins- und Versammlungsrecht der Beamten, Angestellten und Arbeiter des Reichs, der Staaten, Gemeinden oder öffentlicher Selbstverwaltungskörper nicht durch das Disziplinar- oder Vertragsrecht über das notwendige Maß hinaus beschränkt werde".

Hierzu wurde zunächst von einer Seite ausgeführt (Kom.Ber. S. 16):

„Nach allgemeiner Ansicht, die durch den Regierungskommissar bestätigt wird, seien die Landarbeiter, die Beamten, Hilfsbeamten und Staatsarbeiter in das Gesetz einbezogen. Die Wünsche, die heute noch bei den Staatsarbeitern bestehen, bezögen sich auf die Auslegung des § 1. In den Kommentaren zum Gesetz seien die Äußerungen des damaligen Staatssekretärs des Innern, des heutigen Reichskanzlers, als maßgebend niedergelegt, wonach die Beamten und Arbeiter, sich den Staatsnotwendigkeiten fügend, ihr gesetzliches Recht einschränken lassen mußten. Weiter sei bei Gelegenheit der Interpellation über das Koalitionsrecht der Staatsbediensteten im Dezember 1912 die Materie von neuem behandelt. Der Staatssekretär Dr. Delbrück führte damals aus: „Es liegt im Wesen des Staates begründet, daß die Leiter staatlicher Betriebe in der Lage sein müssen, die Vereinsfreiheit und die Koalitionsfreiheit insoweit zu beschränken, als die Betätigung dieser Vereins- und Koalitionsfreiheit im gegebenen Falle im Widerspruch stehen würde mit den Zwecken und der Sicherheit des Staates."

Nach dieser Äußerung stehe fest, welche Beschränkungen für nötig erachtet würden. Wenn nun die Staatsarbeiter in ihren Organisationen ausdrücklich auf das Streikrecht verzichteten, so wäre die

Beschränkung, die der Staat verlangen könne, in vollem Umfang vorhanden. Kein Mensch werde es verstehen, wenn man da, wo aus höheren Gesichtspunkten auf das wichtigste Kampfmittel des Arbeiters verzichtet werde, noch weitere Beschränkungen als notwendig erachten sollte. Der vorliegende Gesetzentwurf sei notwendig geworden durch die bessere Wertung des deutschen Arbeiters. Auch bei den deutschen Staatsarbeitern könne die Entwickelung nicht haltmachen und auch die deutschen Staatsarbeiter hätten in diesem ungeheuren Weltkrieg ihre Schuldigkeit getan. Die Eisenbahnarbeiter, die den größten Prozentsatz der in gemeinnötigen Betrieben beschäftigten Staatsarbeiter ausmachen, hätten wiederholt auch von Allerhöchster Stelle Worte des Lobes und der Anerkennung gefunden. Es wurde die Frage gestellt, welche Beschränkungen in Zukunft den Organisationen, die ausdrücklich auf das Streikrecht verzichtet haben, auferlegt würden; ob es in Zukunft dem Arbeitgeber, also den Bundesstaaten und dem Reich, möglich sein solle, durch Arbeitsvertrag Beschränkungen aufzuerlegen, die eine gesetzliche Grundlage nicht haben können. Da die Arbeiter keinen Einfluß auf die Gestaltung des Arbeitsvertrags hätten, sei für sie die Frage von großer Wichtigkeit. Jedenfalls seien die bisherigen Zustände geradezu unhaltbar. Die Organisationen seien bisher nur geduldet. Der Vorsitzende müsse im Dienst der Verwaltung stehen und werde für alle Äußerungen einzelner Funktionäre, für die Zeitung, sowie für die Druckschriften von der betreffenden Verwaltung verantwortlich gemacht. Der Arbeitsvertrag sei für die preußisch-hessische Eisenbahngemeinschaft die Dienstordnung vom Jahre 1916. Diese Dienstordnung bestimme u. a., daß die Arbeiter „sich eines moralischen gesitteten Lebenswandels zu befleißigen, außerdem aber von ordnungsfeindlichen Bestrebungen fernzuhalten haben." Das Wort sei so unklar, daß man sich fragen müßte, wer hier die Auslegung bestimmt. Nach dieser Dienstordnung seien die Dienstvorsteher dafür zuständig, und nicht jeder Dienstvorsteher werde die Definition dieser Bestimmung richtig treffen. Aus allem sei ersichtlich, daß die bisherigen Beschränkungen endlich fallen müßten. Der durchaus loyale Staatsarbeiter habe ein Recht darauf, zu erfahren, wie seine Stellung in Zukunft sich gestalten werde."

Auf diese Ausführungen wurde von einem V e r t r e t e r d e r v e r b ü n d e t e n R e g i e r u n g e n erwidert (Kom.Ber. S. 17):

„Bereits bei der ersten Lesung in der Vollversammlung sei regierungsseitig ausgesprochen worden, daß a u c h d i e S t a a t s a r b e i t e r u n t e r d i e V o r l a g e f i e l e n, w i e j a a u c h d a s V e reinsgesetz auf sie Anwendung finde. Er stelle dies hiermit nochmals fest. Wenn insoweit dem Vorredner beizupflichten sei, so müsse doch dessen weiteren Ausführungen gegenüber betont werden, daß alles, was das Vereinsgesetz selbst unberührt gelassen habe, auch von der Vorlage unberührt bleibe. Für die Staatsarbeiter kämen in dieser Beziehung die disziplinarischen und vertragsmäßigen Rechte der Anstellungsbehörden in Betracht. Daß das Reichsvereinsgesetz derartige Rechte nicht berührt habe, daß sie also neben den Bestimmungen des Vereinsgesetzes fortbeständen, sei seitens der Reichsleitung schon bei der Beratung dieses Gesetzes und später in Übereinstimmung mit den damals abgegebenen Erklärungen wiederholt im Reichstag dargelegt worden Er weise namentlich auf die eingehenden Ausführungen hin, die der Staatssekretär des Innern, Staatsminister Dr. Delbrück bei Beantwortung der Interpellation Dr. Ablaß und Genossen, betreffend Koalitionsfreiheit der in staatlichen Betrieben beschäftigten Arbeiter, in der Reichstagssitzung vom 10. Dezember 1912 zu diesem Punkte gemacht habe. Der Herr Staatssekretär habe sich hierbei dahin geäußert: Bei der Beurteilung des § 1 des Reichsvereinsgesetzes sei der Schwerpunkt auf das Wort „polizeilich" zu legen. Es werde damit nämlich ausgesprochen, daß das Recht aller Reichsangehörigen, sich zu vereinigen und sich zu versammeln, vom polizeilichen Standpunkt nur beeinträchtigt werden dürfe, soweit dies in diesem Gesetz ausdrücklich vorgesehen sei. Dagegen sei bereits bei den Beratungen des Reichsvereinsgesetzes darauf hingewiesen worden, daß Beschränkungen des Koalitionsrechts im Wege des Vertrags auch nach dem Erlaß des Gesetzes möglich seien, daß das Recht der Eltern, Vormünder, Erzieher und Lehrherren, die Vereinsfreiheit der ihrer Obhut, ihrer Gewalt anvertrauten Zöglinge zu beschränken, durch das Vereinsgesetz nicht beeinträchtigt werde, und daß schließlich der § 1 dieses Gesetzes nicht geeignet sei, die Rechte der Vorgesetzten gegenüber den ihnen unterstellten Beamten in irgend etwas zu beeinträchtigen. In derselben Rede sei ferner hervorgehoben worden, daß der Staat — trotz des Vereinsgesetzes — in der Lage sei, auch im Wege des Arbeitsvertrages das Koalitions- und Vereinsrecht seiner Arbeiter und Angestellten so weit zu beschränken, als es notwendig sei, die öffentlichen

Zwecke der einzelnen Betriebe, die Aufgaben des Staats zu erfüllen. Von diesem Standpunkt könnten die verbündeten Regierungen auch anläßlich der gegenwärtigen Vorlage, die übrigens an sich mit diesen Fragen gar nichts zu tun habe, nicht abweichen.

Die sonstigen Wünsche der Angestellten und Arbeiter von Staatsbetrieben hätten bekanntlich deren größte Verbände dem Bundesrat und dem Reichstag in einer eingehenden Eingabe unterbreitet. Es sei ihnen von der Reichsleitung eine Denkschrift hierüber zugesagt worden. Der Krieg habe auch diese Arbeit unterbrochen. Er hoffe, daß die Zusage in nicht zu ferner Zeit werde erfüllt werden können wenn er auch freilich nicht in der Lage sei, dies für einen einigermaßen bestimmten Zeitpunkt in Aussicht zu stellen."

Die vorgeschlagene Resolution wurde von der Kommission angenommen. Kom.Ber. S. 19.

Bei der zweiten Beratung des Entwurfs in der Vollversammlung des Reichstages vom 5. Juni 1916 hob dann der Abgeordnete Dr. Müller-Meiningen nochmals ausdrücklich hervor (Sten.Ber. S. 1478 A), daß die Verbände der Staatsarbeiter und -Angestellten „nach den Verhandlungen in der Kommission unzweifelhaft unter das Gesetz fallen".

Ländliche Arbeiter und Dienstboten.

Das Gesetz bezieht sich auch auf die ländlichen Arbeiter und Dienstboten.

Bei den Beratungen des Entwurfs ist diese Frage mehrfach Gegenstand eingehender Erörterung gewesen. Dabei wurde gleichzeitig besprochen, ob durch den Entwurf das Organisations- und Streikrecht der ländlichen Arbeiterkreise irgendwie berührt werde. Anlaß zu dieser Erörterung gab insbesondere eine Eingabe des Deutschen Landwirtschaftsrats an den Reichskanzler, die Gesetzesvorlage nicht einzubringen, weil sie geeignet sei, den „Burgfrieden" zu stören und auch die bisherigen friedlichen Verhältnisse in unserer landwirtschaftlichen Bevölkerung zu beeinträchtigen.

Über die Frage äußerte sich zunächst der Abgeordnete Becker (Arnsberg) folgendermaßen (Sten.Ber. S. 1014 D, 1015 A): „Ich will mit dem Einwand beginnen, daß der Gesetzentwurf die friedlichen Verhältnisse in der landwirtschaftlichen Bevölkerung beeinträchtigen könne. Zweifellos ist damit gemeint, daß mit diesem Gesetzentwurf der Streik in die ländlichen Arbeiterkreise hineingetragen werden könnte, und daß das Streikrecht durch den Entwurf irgendwie berührt würde. Eine andere Erklärung dieses Satzes kann ich mir nicht vorstellen.

Dieser Gesetzentwurf hat mit dem Streikrecht der landwirtschaftlichen Arbeiter absolut nichts zu tun.

Meine Herren, gestatten Sie mir einige wenige Ausführungen über den derzeitigen Rechtszustand bezüglich des Streikrechts der landwirtschaftlichen Arbeiter. Herr Ministerialdirektor Dr. Lewald hat vorhin auseinandergesetzt (s. S. 38), daß auf Grund des Vereinsrechts alle, also auch die landwirtschaftlichen Arbeiter das Recht haben, sich zu organisieren, also Standesvereine zu gründen. Wir haben ja auch landwirtschaftliche Arbeiterorganiationen in Deutschland. Auch eine christlich-nationale Gewerkschaft der Landarbeiter existiert seit einigen Jahren. Die landwirtschaftlichen Arbeiter haben also das Recht, zur Vertretung ihrer Standesinteressen Vereinigungen zu gründen. Nun gibt es allerdings in Preußen ein Gesetz von 1854 für die altpreußischen Landesteile, das den landwirtschaftlichen Arbeitern nicht verbietet zu streiken, wohl aber, Verabredungen zu einem Streik zu treffen und andere landwirtschaftliche Arbeiter zu diesen Verabredungen aufzufordern. Das ist die Rechtslage für einen Teil der preußischen Provinzen. In Süddeutschland kennt man diesen Rechtszustand überhaupt nicht. Dort sind die landwirtschaftlichen Arbeiter bezüglich ihres Streikrechts nicht solchen einschränkenden Bestimmungen unterworfen. In den neuen preußischen Provinzen, vor allem in Hannover, haben die Landarbeiter ein weit größeres Streikrecht als die gewerblichen Arbeiter in Deutschland. Die landwirtschaftlichen Arbeiter in Hannover sind durch die das gewerbliche Streikrecht berührenden Bestimmungen der §§ 152 und 153 der Gewerbeordnung nicht berührt, und ich habe nicht gehört, daß dadurch das friedliche Verhältnis zwischen landwirtschaftlichen Arbeitern und Arbeitgebern in Hannover irgendwie beeinträchtigt worden wäre, obwohl, wie gesagt, das Streikrecht der Landarbeiter in Hannover viel weiter geht als das Streikrecht der gewerblichen Arbeiter.

Die landwirtschaftlichen Arbeiter dürfen also streiken, sie dürfen nur nicht andere auffordern, einen Streik zu verabreden, und dürfen nicht eine Streikverabredung unter sich treffen."

Diesen Darlegungen trat der Abgeordnete Legien bei. „In bezug auf das Streik- und Organisationsrecht der Land-

arbeiter", so erklärte er (Sten.Ber. S.1017 C, D), „kann ich mich den Ausführungen des Herrn Abgeordneten Becker durchaus anschließen. Seine Darstellung entspricht durchaus den gegebenen Tatsachen, den gesetzlichen Rechten, die den Landarbeitern zustehen .... Wenn in den Eingaben gefordert wird, den Landarbeitern die Erweiterungen, die die kleine Vereinsnovelle heute bringt, nicht zu gewähren, so heißt das, ihnen *bestehende* Rechte aberkennen, nicht aber etwa nur, eine Erweiterung ihrer Rechte zu verhindern. Was für die Landarbeiter gilt, gilt selbstverständlich auch für die Staats- und Gemeindearbeiter. Gegenteilige Anschauungen sind heute von Regierungsseite an dieser Stelle so einwandfrei widerlegt worden (s. S. 38), daß eine weitere Betonung keineswegs erforderlich ist. *Demnach gelten für die Organisationen der Staats- und Gemeindearbeiter sowie der Landarbeiter die gleichen Voraussetzungen wie für die sonstigen gewerkschaftlichen und Berufsorganisationen.* Die gewerkschaftlichen Organisationen, die beruflichen Organisationen der Landarbeiter konnten auch bisher nicht zu politischen Vereinen gestempelt werden, solange sie sich in dem engen Rahmen gewerkschaftlicher oder beruflicher Betätigung hielten."

In ähnlicher Weise sprach sich auch der Abgeordnete Dr. *Müller* (Meiningen) aus (Sten.Ber. S. 1020 C): „Was bezüglich der Staatsarbeiter ausgeführt wurde (s. S. 38), gilt auch von den Landarbeitern. Ich kann mich in dieser Beziehung vollständig dem anschließen, was die Herren Kollegen Becker und Legien bereits ausgeführt haben. Ich halte den Vorstoß des Deutschen Landwirtschaftsrats für sehr bedauerlich. Es waltete unzweifelhaft die vollständig irrtümliche Auffassung bei dem Landwirtschaftsrat, daß nach dem Vereinsgesetz die Landarbeiter bisher dem Vereins- und Versammlungsgesetz nicht unterstanden hätten. *Es unterliegt keinem Zweifel, daß sie bereits bisher unter das Gesetz fielen.*"

In der Sitzung vom 11. Mai 1916 erklärte der Direktor im Reichsamt des Innern Dr. *Lewald* unter Bezugnahme auf seine Ausführungen am Tage vorher (s. S. 22 ff): „Ich habe schon gestern darauf hingewiesen, daß dieser Gesetzentwurf im wesentlichen nur eine Sicherung gegen eine unsichere und schwankende Praxis ist, wie sie durch die Rechtsprechung der Verwaltungs- und der ordentlichen Gerichte hervorgerufen ist; aber ich habe ausdrücklich festgestellt, daß auch gerade der *Landarbeiterverband* heute *nirgends für einen politischen Verein erklärt* ist, daß daher gerade auch dem Landarbeiterverbande junge Leute unter 18 Jahren angehören können". Sten.Ber. S. 1037 B.

Bei der Kommissionsberatung wurde die Behandlung der Landarbeiter nochmals einer besonderen Erörterung unterzogen. Hierbei bestätigte zunächst auf Anfrage ein Regierungsvertreter, daß sich die Vorlage auch auf die ländlichen Arbeiter und Dienstboten erstrecke. Aber auch hier sei, ebenso wie bei den Staatsarbeitern, zu bemerken, daß die Vorlage selbstverständlich nichts an dem Fortbestehen gesetzlicher und anderer Bestimmungen ändere, die vom Vereinsgesetz selbst unberührt geblieben seien. Dies gelte, was die Landwirtschaft anlange, insbesondere für die nach § 24 des Vereinsgesetzes aufrecht erhaltenen Vorschriften des Landesrechts in bezug auf Verabredungen ländlicher Arbeiter und Dienstboten zur Einstellung oder Verhinderung der Arbeit (Kom.Ber. S. 19). Und es wurde dann in der Kommission „unter Zustimmung der Regierung neu festgestellt, daß die Landarbeiter, wie die Staats- und Gemeindearbeiter, unter das Reichsvereinsgesetz fallen". Kom.Ber. S. 20.

Zu dem in diesen Ausführungen besonders angezogenen § 24 des Vereinsgesetzes ist noch folgendes zu bemerken.

Durch § 24 Abs. 3 ist bestimmt:

„Unberührt bleiben die Vorschriften des Landesrechts in bezug auf Verabredungen ländlicher Arbeiter und Dienstboten zur Einstellung oder Verhinderung der Arbeit."

Durch diese Vorschrift sind nur aufrecht erhalten die landesrechtlichen Vorschriften in bezug auf Verabredungen ländlicher Arbeiter und Dienstboten „zur Einstellung oder Verhinderung der Arbeit". Andere Verabredungen, z. B. solche, die bloß die Erlangung günstigerer Lohn- und Arbeitsbedingungen bezwecken, ohne gleichzeitig auf Einstellung oder Verhinderung der Arbeit gerichtet zu sein, sind nicht unter das Landesrecht gestellt, unterstehen vielmehr in vereins- und versammlungsrechtlicher Beziehung den Bestimmungen des Vereinsgesetzes. Zu solchen Zwecken können also Vereine gegründet und Versammlungen abgehalten werden. Auf diese Vereine und Versammlungen findet dann das neue Gesetz, falls bei ihnen im übrigen dessen Voraussetzungen zutreffen, Anwendung.

Beamte.

Bei der Kommissionsberatung wurde die Frage aufgeworfen, ob die Beamten unter den § 17a fallen. Seitens eines Vertreters der verbündeten Regierungen wurde darauf folgendes ausgeführt: Beamte im öffentlich-rechtlichen Sinne hätten wie alle Reichsangehörigen nach dem Reichsvereinsgesetz das Recht, zu Zwecken, die den Strafgesetzen nicht zuwiderlaufen, Vereine zu bilden und sich zu versammeln. Von diesem Rechte machten auch, wie bekannt, zahlreiche Beamtengruppen Gebrauch. Der § 17a der Vorlage könne dagegen auf Beamtenvereine nicht Anwendung finden. Denn er beschränke sich auf Vereine von Arbeitgebern und Arbeitnehmern. Zu keiner dieser Gruppen gehörten die Beamten. Die von einem Kommissionsmitgliede vertretene Ansicht, daß auch Beamte Arbeitnehmer seien, übersehe den Unterschied zwischen Personen, die auf Grund eines privatrechtlichen Vertrages die Leistung von Arbeiten oder Diensten übernehmen, und solchen, die in einem öffentlich-rechtlichen Pflichtverhältnis zum Reich, einem Bundesstaat oder einer Kommunalverwaltung stehen. Nur die zur ersten Gruppe gehörenden Personen seien Arbeitnehmer. Übrigens beziehe sich die Vorlage auch nur auf solche Vereine von Arbeitgebern und Arbeitnehmern, welche die Erlangung günstiger Lohn- und Arbeitsbedingungen bezwecken. Beamte erhielten aber nicht Lohn, sondern Gehalt. Für Beamtenvereine seien auch die Vergünstigungen, die die Vorlage bringe, bedeutungslos. Beamte unter 18 Jahren werde es kaum geben. Jedenfalls hätten die Beamten wohl kein beachtliches Interesse an der Mitgliedschaft solcher Personen oder an deren Zulassung zu ihren Versammlungen. Durch die Pflicht zur Einreichung der Satzung und des Verzeichnisses der Vorstandsmitglieder sowie zur Mitteilung etwaiger Änderung der Satzung oder in der Zusammensetzung des Vorstandes bei der zuständigen Polizeibehörde könnten sich die Beamtenvereine nicht beschwert fühlen. Andere Erfordernisse stelle das Vereinsgesetz nicht, selbst wenn die Vereine als politisch angesehen würden. Demnach seien auch die Beamtenvereine nicht gehindert, im Rahmen der Vorlage und sogar darüber hinaus auf politische Angelegenheiten einzuwirken, wenn sie auf die Jugendlichen verzichteten und die geringen formalen Vorschriften des § 3 des Vereinsgesetzes erfüllten. Kom.Ber. S. 18, 19.

Diesen Ausführungen ist durchweg beizutreten. Die neue Vorschrift findet auf Beamtenvereine keine Anwendung.

S. auch S. 38 die Ausführungen des Vertreters der verbündeten Regierungen bezüglich der Staatsarbeiter.

Unter den „Beamten" sind hier natürlich nur Beamte des Reiches, der Staaten, Gemeinden und der anderen öffentlichen Selbstverwaltungskörper zu verstehen, nicht auch Privatbeamte. Auf diese finden die Vorschriften des Gesetzes, wie auf „Angestellte" überhaupt, Anwendung. S. S. 38.

Stellung der Personen unter 18 Jahren, der sogen. „Jugendlichen".

Den Kernpunkt des neuen Gesetzes, den wegen seiner Wirkungen und Folgen wichtigsten Punkt, bildet die Stellung der Personen unter 18 Jahren, der sogen. „Jugendlichen" gegenüber den Gewerkschaften und ähnlichen Berufsvereinen. Diese Frage ist auch eine Hauptveranlassung mitgewesen zur Schaffung des neuen Gesetzes. Die Gewerkschaften, Gewerkvereine und Vereinigungen gleicher Art legen auf die Zugehörigkeit der Jugendlichen zu ihnen den größten Wert. Die Beteiligung der Jugendlichen an den Gewerkschaften und deren Versammlungen, so wurde während der Beratungen des Entwurfs mehrfach von Abgeordneten ausgeführt, sei für beide Teile von größter Bedeutung und gleich unentbehrlich. Die Gewerkschaften könnten auf die Jugendlichen so wenig verzichten wie die Jugendlichen auf die Gewerkschaften. Die Gewerkschaften müßten die Jugendlichen haben als Nachwuchs, die Jugendlichen aber brauchten die Gewerkschaften fast mehr noch als die Erwachsenen (Kom Ber. S. 6). Die Gewerkschaften bezweckten den Schutz der Berufsarbeiter. Niemand bedürfe des Schutzes aber mehr als die Widerstandsunfähigen, die Jugendlichen (Kom.Ber. S. 10). Die Jugendlichen müßten sich beizeiten in den Kreis ihrer Berufsgenossen, in deren Interessenvertretung, in deren geistige Arbeit einordnen und sich an den gewerklichen Interessen der Mitarbeiter beteiligen. Auch liege ein großer erzieherischer Wert für die Jugendlichen darin, daß sie in den Gewerkschaften zu eigener Tätigkeit herangezogen würden (Sten.Ber. S. 1475 A, B). Regierungsseitig wurde auch als berechtigt anerkannt, daß die jungen Leute unter 18 Jahren „das Bedürfnis haben, die Vorteile, die eine gutgeleitete Gewerkschaft ihnen bietet in der Rechtsbelehrung, im Rechtsschutz, in der Gewährung von Unterstützungen, Arbeitslosenunterstützungen und dergleichen, sich zunutze zu machen". (Erklärung des Direktors im Reichsamte des Innern Dr. Lewald bei der ersten Beratung des Entwurfs im Reichstag, Sten.Ber. S. 1013 D, 1014 A.)

Solange die Gewerkschaften von Gerichten und Verwaltungsbehörden als „politische" Vereine, ihre Versammlungen als „politische" angesehen und behandelt wurden, war eine Teilnahme der Jugendlichen nicht möglich, jedenfalls rechtlich nicht zulässig. An sich steht nach dem Vereinsgesetz auch den Jugendlichen das Vereins- und Versammlungsrecht ebenso wie allen anderen Reichsangehörigen zu. Eine wesentliche Einschränkung aber hat das Recht erfahren durch § 17 des Gesetzes, den sogen. Jugendparagraphen, der bestimmt:

„Personen, die das achtzehnte Lebensjahr noch nicht vollendet haben, dürfen nicht Mitglieder von politischen Vereinen sein und weder in den Versammlungen solcher Vereine, sofern es sich nicht um Veranstaltungen zu geselligen Zwecken handelt, noch in öffentlichen politischen Versammlungen anwesend sein."

Der § 17 enthält also für Jugendliche drei Verbote:

Erstens dürfen sie nicht Mitglieder von politischen Vereinen sein.

Zweitens dürfen sie in keinerlei Versammlungen politischer Vereine anwesend sein, gleichviel, ob darin politische oder öffentliche Angelegenheiten verhandelt werden. Ausgenommen sind nur Veranstaltungen dieser Vereine zu geselligen Zwecken.

Endlich ist ihnen drittens allgemein die Anwesenheit in allen öffentlichen politischen Versammlungen verboten.

Zuwiderhandlungen gegen diese Verbote sind in § 18 Ziff. 5 und 6 mit Strafe bedroht. Mit Geldstrafe bis zu einhundertundfünfzig Mark, an deren Stelle im Unvermögensfalle Haft tritt, wird bestraft:

5. „wer als Vorstand oder als Mitglied eines Vereines entgegen den Vorschriften des § 17 dieses Gesetzes Personen, die das achtzehnte Lebensjahr noch nicht vollendet haben, in dem Vereine duldet;
6. wer entgegen den Vorschriften des § 17 dieses Gesetzes in einer Versammlung anwesend ist".

Es fragt sich nun, inwieweit auf diese Bestimmungen des Vereinsgesetzes über das Vereins- und Versammlungsrecht der Jugendlichen das neue Gesetz Einfluß hat, inwieweit durch dieses die Rechtsstellung der Jugendlichen geändert worden ist. In der Begründung des Entwurfs heißt es zu dieser Frage kurz (S. 10): „Der sogenannte Jugendparagraph wird durch die Vorlage nur insoweit berührt, als sich dies aus der Befreiung der Gewerkschaften usw. von den Vorschriften über die politischen Vereine von selbst ergibt."

Betont sei zunächst nachdrücklich, daß durch § 17a der § 17 des Vereinsgesetzes weder aufgehoben noch in seinem Fortbestande irgendwie geändert worden ist. Er besteht vielmehr an sich wie bisher in vollem Umfange weiter. Das wurde bei den Beratungen des Entwurfs mehrfach besonders betont (z. B. vom Abgeordneten Dr. Müller-Meiningen, Sten.Ber. S. 1478 D, 1479 B). Der in der Kommission gestellte Antrag, den § 17 zu streichen, wurde abgelehnt. Kom.Ber. S. 2, Nr. 1 Z. 3, S. 13. Durch das neue Gesetz ist nur die Anwendbarkeit des § 17 auf bestimmte Vereine, nämlich die „Vereine von Arbeitgebern und Arbeitnehmern zum Behufe der Erlangung günstiger Lohn- und Arbeitsbedingungen", das heißt die Gewerkschaften und ähnlichen Vereinigungen unter bestimmten, im Gesetze genau begrenzten Voraussetzungen ausgeschlossen worden, sofern sich nämlich der Zweck dieser Vereine darauf beschränkt, „auf solche Angelegenheiten der Sozialpolitik oder der Wirtschaftspolitik einzuwirken, die mit der Erlangung oder Erhaltung günstiger Lohn- oder Arbeitsbedingungen oder mit der Wahrung oder Förderung wirtschaftlicher oder gewerblicher Zwecke zugunsten ihrer Mitglieder oder mit allgemeinen beruflichen Fragen im Zusammenhange stehen".

Aus dem oben angegebenen Grundgedanken des Gesetzes: Befreiung der Gewerkschaften und gleichartigen Vereine der Arbeitnehmer und Arbeitgeber von den Vorschriften über politische Vereine und deren Versammlungen, ergibt sich nun für die jetzige Rechtsstellung der Jugendlichen gegenüber diesen Vereinigungen folgendes:

Die Jugendlichen können nunmehr Mitglieder von „Vereinen von Arbeitgebern und Arbeitnehmern zum Behufe der Erlangung günstiger Lohn- und Arbeitsbedingungen", das heißt von Gewerkschaften, Gewerkvereinen und ähnlichen Vereinen der Arbeitnehmer sowie von den entsprechenden Vereinen der Arbeitgeber sein.

Sie dürfen teilnehmen an Versammlungen der vorgenannten Vereine (Gewerkschaften und ähnlichen Vereinigungen), soweit sich diese Versammlungen darauf beschränken, auf solche sozial- oder wirtschaftspolitische Angelegenheiten einzuwirken, die mit der Erlangung oder Erhaltung günstiger

Lohn- oder Arbeitsbedingungen oder mit der Wahrung oder Förderung wirtschaftlicher oder gewerblicher Zwecke zugunsten ihrer Mitglieder oder mit allgemeinen beruflichen Fragen im Zusammenhange stehen. Vgl. hierzu S. 82 ff.

Das bedeutet für die Jugendlichen im Vergleiche zu ihrer bisherigen Rechtsstellung einen erheblichen Fortschritt. Im übrigen aber bleiben die Verbote des § 17 in vollem Umfange bestehen. Die Jugendlichen dürfen also auch künftighin nicht Mitglieder von politischen Vereinen sein. Sie dürfen nicht anwesend sein in den Versammlungen politischer Vereine, auch wenn in diesen Versammlungen nur sozial- oder wirtschaftspolitische Angelegenheiten erörtert werden. Sie dürfen nicht anwesend sein in Versammlungen der „Vereine von Arbeitgebern und Arbeitnehmern zum Behufe günstiger Lohn- und Arbeitsbedingungen" (Gewerkschafts- oder sonstigen Berufsvereinen), in denen über den Rahmen des § 17a hinaus reinpolitische Angelegenheiten (s. S. 67 ff.) oder Angelegenheiten der Sozial- oder Wirtschaftspolitik allgemein, ohne den vom Gesetz erforderten Zusammenhang (s. S. 82 ff.) erörtert werden. Solche Versammlungen von Gewerkschaften und ähnlichen Berufsvereinen sind auch künftighin als politische Versammlungen zu betrachten und zu behandeln. Endlich dürfen die Jugendlichen auch nach dem neuen Gesetz in keiner öffentlichen politischen Versammlung anwesend sein.

Teilnahme der Jugendlichen an Versammlungen, insbesondere an öffentlichen Gewerkschaftsversammlungen.

Der Satz, daß die Jugendlichen in keiner öffentlichen politischen Versammlung anwesend sein dürfen, bedarf einer näheren Erläuterung nach der Richtung hin, ob zu den „öffentlichen politischen Versammlungen", zu denen den Jugendlichen der Zutritt verboten ist, auch solche öffentliche Versammlungen von Gewerkschaften, Gewerkvereinen und gleichartigen Vereinigungen gehören, in denen nur sozial- oder wirtschaftspolitische Angelegenheiten in den vom Gesetze bestimmten Grenzen (s. S. 67 ff, 82 ff.), also weder reinpolitische Angelegenheiten noch sozial- oder wirtschaftspolitische Angelegenheiten ohne den gesetzlich erforderten Zusammenhang erörtert werden, ob also allgemein den Jugendlichen auch die Anwesenheit in allen öffentlichen Versammlungen der Gewerkschaften usw. verboten ist. Über diese Frage sind schon während der Beratungen des Gesetzentwurfes die lebhaftesten Erörterungen gepflogen worden. Hierbei gingen die Meinungen über Inhalt und Absicht der vorgeschlagenen Bestimmung schroff auseinander, sie sind geteilt geblieben bis zum letzten Augenblick.

Während die Abgeordneten Legien, Dr. Oertel, Heine (Dessau) und Dr. Kerschensteiner die Vorlage dahin verstanden, daß danach den Jugendlichen nicht bloß zu den geschlossenen, sondern auch zu den öffentlichen Versammlungen von Gewerkschaften der Zutritt zustehe (Sten.Ber. S. 1018 B, S. 1036 A, S. 1481 D, S. 1475 C, D, 1496 A), legten die Abgeordneten Dr. Müller-Meiningen und Stadthagen den Entwurf dahin aus, daß er den Jugendlichen nur die Anwesenheit in reinen, geschlossenen Gewerkschaftsversammlungen gestatte, dagegen sie ausschließe von „allen öffentlichen" Versammlungen der Gewerkschaften und ähnlichen Vereinigungen, auch wenn darin lediglich sozial- oder wirtschaftspolitische Angelegenheiten innerhalb des in § 17a festgesetzten Rahmens erörtert würden (Sten.Ber. S. 1478, 1479 D, S. 1504 A). Bei der Kommissionsberatung hatte ein Vertreter der verbündeten Regierungen zu der Frage folgende Erklärung abgegeben (Kom.Ber. S. 10, 11): „Die von einem Kommissionsmitgliede gestellte Frage, ob nach der Vorlage Personen unter 18 Jahren auch an öffentlichen politischen Versammlungen teilnehmen dürfen, müsse er verneinen, soweit damit die am Schlusse des § 17 des Reichsvereinsgesetzes erwähnten öffentlichen politischen Versammlungen gemeint seien. Die Vorlage beziehe sich nur auf Versammlungen der bestimmten, in ihr bezeichneten Arten von Vereinen, also der „Vereine von Arbeitgebern und Arbeitnehmern zum Behufe der Erlangung günstiger Lohn- und Arbeitsbedingungen". An den Versammlungen dieser Vereine dürften Personen unter 18 Jahren nach der Vorlage teilnehmen, vorausgesetzt, daß sich die Vereine auch dabei innerhalb der in der Vorlage für die politische Betätigung gezogenen Grenzen hielten. Dagegen erstrecke sich die Vorlage nicht auf andere Versammlungen, insbesondere nicht auf andere politische Versammlungen. Zu diesen sollten demnach die Jugendlichen auch nach dem vorliegenden Entwurfe keinen Zutritt haben, und zwar auch dann nicht, wenn in solchen Versammlungen die in dem neuen § 17a vorgesehenen Grenzen innegehalten würden."

Auf diese Erkärung kam dann der Abgeordnete Dr. Müller-Meiningen und zwar in seiner Eigenschaft als Berichterstatter der Kommission bei der zweiten Beratung des Entwurfs im Reichstag nochmals zurück. „Ich bin gebeten worden", so führte er aus (Sten.Ber. S. 1501 C, D, 1502 A, B), „gerade im Hinblick auf die Ausführungen des Herrn Kollegen Dr. Oertel und meines Freundes Dr. Kerschensteiner, bezüglich des § 17 nochmals Aufklärungen über das zu geben, was in der Kommission beschlossen worden ist. Es handelt sich hier nicht um eine Aufhebung des § 17; man könnte nach den Ausführungen der beiden Herren glauben, daß es sich darum handeln würde — sondern es handelt sich um eine authentische Interpretation der zwei ersten Alternativen des § 17 des bestehenden Gesetzes.

Der § 17 enthielt für die Jugendlichen drei Verbote, eines für Vereine und zwei für Versammluugen, erstens das Verbot: die Jugendlichen dürfen nicht Mitglieder von politischen Vereinen sein, — zweitens: die Jugendlichen dürfen in den Versammlungen solcher politischen Vereine — mit der Ausnahme, sofern es sich nicht um die Veranstaltung zu geselligen Zwecken handelt —, nicht anwesend sein, also auch wenn diese „geschlossene Vereinsversammlungen" sind, — und endlich drittens das Verbot: die Jugendlichen dürfen nicht in öffentlichen politischen Versammlungen anwesend sein.

Wir haben nun im Jahre 1908 angenommen, daß die sogen. „Gewerkschaftsversammlungen" überhaupt keine „politischen Versammlungen" seien, daß also schon bisher für solche, d. h. für die Alternative 1 und 2 der § 17 nicht zutreffe. Die Praxis der Gerichte und der Verwaltungsbehörden ist leider in eine andere Richtung gegangen, aber die Anschauung der verbündeten Regierungen stimmte im Jahre 1908 vollständig mit der des Parlaments überein. Wenn Herr Kollege Dr. Oertel daran zweifelt, dann will ich ihn nur auf die Ausführungsbestimmungen einiger Bundesstaaten verweisen. Ich verweise ihn z. B. auf die Ausführungsbestimmungen der bayerischen Regierung; vor allem aber auch auf die Ausführungen, die der bayerische Minister des Innern in der bayerischen Abgeordnetenkammer am 18. Mai 1908 gemacht hat, wo er ausgeführt hat, daß die Jugendlichen innerhalb des Rahmens des § 152 der Gewerbeordnung an dem ganzen gewerkschaftlichen Leben, also auch der Erörterung wirtschafts- und sozialpolitischer Angelegenheiten teilnehmen können (s. auch S. 8, 10). Aus diesen Ausführungen geht hervor, daß die bayerische Regierung derselben Meinung war, die auch die Mehrheit des Parlaments zum Ausdruck brachte, und die auch von der Regierungsseite gebilligt worden ist.

Nun tritt hier der § 17a deklaratorisch, authentisch interpretierend ein und schafft volle Sicherheit über die Grenzen auch der politischen Betätigung der Gewerkschaftsversammlungen. Welche Scheidung hier zwischen den inneren Gewerkschaftsversammlungen auf der einen Seite und den öffentlichen Versammlungen auf der anderen Seite eintritt, das ist ganz klar auf S. 11 des Kommissionsberichts auseinandergesetzt. Ich darf vielleicht die paar Sätze, da sie von größter Wichtigkeit sind, hier verlesen. Es heißt da:

„Die Vorlage beziehe sich nur auf Versammlungen der bestimmten in ihr bezeichneten Arten von Vereinen, also der „Vereine von Arbeitgebern und Arbeitnehmern zum Behufe der Erlangung günstiger Lohn- und Arbeitsbedingungen".

Das ist die authentische Interpretation des Begriffs „Gewerkschaften" oder „Berufsvereine".

„An den Versammlungen dieser Vereine dürften Personen unter 18 Jahren nach der Vorlage teilnehmen, vorausgesetzt, daß sich die Vereine auch dabei innerhalb der in der Vorlage für die politische Betätigung gezogenen Grenzen hielten."

Das heißt, daß sie wirtschafts- und sozialpolitische Angelegenheiten erörtern.

„Dagegen erstrecke sich die Vorlage nicht auf andere Versammlungen, insbesondere nicht auf andere öffentliche politische Versammlungen. Zu diesen sollten demnach die Jugendlichen auch nach dem vorliegenden Entwurf keinen Zutritt haben, und zwar auch dann nicht, wenn in solchen Versammlungen die in dem neuen § 17a vorgesehenen Grenzen innegehalten würden."

Das heißt mit anderen Worten: auch soweit andere Vereine Wirtschafts- und Sozialpolitik in diesen Versammlungen treiben, sind die Jugendlichen in diesen öffentlichen Versammlungen nicht zugelassen.

Meine Herren, ich glaube, daß diese Motive — zusammen mit den Verhandlungen und Ausführungsbestimmungen im Jahre 1908 — vollständige Klarheit darüber ergeben, was die Jugendlichen in Zukunft tun dürfen und was nicht.

Ich wiederhole noch einmal: die Voraussetzungen der Ausführungen des Herrn Kollegen Dr. Kerschensteiner sind nicht richtig. Es handelt sich hier überhaupt nicht um die Teilnahme der Jugendlichen an öffentlichen politischen Versammlungen; denn darüber sind wir uns alle einig: an diesen dürfen sie auch nicht nach Annahme des § 17a teilnehmen. Damit fallen alle Ausführungen, die Kollege Kerschensteiner in dieser Beziehung gemacht hat, vollständig zusammen.

Ich darf vielleicht in diesem Zusammenhange auch noch unter Bezugnahme auf seine Ausführungen, daß wir völlig einig seien, hinzufügen: wir sind wohl einig in der Aufrechterhaltung des § 17 für parteipolitische und Wahlversammlungen, von denen die Jugend auch in Zukunft ausgeschlossen sein soll; aber ich gehe nicht einig mit ihm, wenn er die Jugendlichen auch nicht in die Gewerkschaftsversammlungen aufgenommen haben will. Hier gehen die Wege meiner politischen Freunde und die Wege des Herrn Kollegen Kerschensteiner auseinander. Ich halte es für notwendig, hier diese Trennung, die bereits aus meinen Ausführungen hervorging, nochmals zu unterstreichen. Ich glaube also, daß alle Befürchtungen, die vom pädagogischen Standpunkt aus geäußert sind, damit zusammenfallen."

Den Ausführungen des Vertreters der verbündeten Regierungen in der Kommission und der Auffassung des Abgeordneten Dr. Müller-Meiningen wird man beitreten müssen. Sozial- und wirtschaftspolitische Angelegenheiten gehören an sich zu den „politischen" Angelegenheiten, sie sind als eine Unterart der Politik anzusehen. Das wird von höchsten Gerichtshöfen angenommen. S. S. 70. An dieser Rechtsprechung will das neue Gesetz nicht rühren, sie soll unverändert bestehen bleiben. Ihre Eigenschaft als politische Angelegenheit verlieren die Angelegenheiten der Sozial- und Wirtschaftspolitik auch dadurch nicht, daß sie „im Zusammenhange stehen" mit der Erlangung oder Erhaltung günstiger Lohn- oder Arbeitsbedingungen und den übrigen im § 17a bezeichneten Fragen. Das Gesetz geht nicht so weit, sozial- und wirtschaftspolitische Angelegenheiten deshalb, weil sie mit den angeführten Fragen im Zusammenhange stehen, einfach für nicht politische Angelegenheiten zu erklären, sie bleiben vielmehr, was sie sind: politische Angelegenheiten. Das Gesetz sagt nur, daß auf gewisse Vereine, die sich in bestimmten Grenzen, im Rahmen ihrer Berufsaufgaben mit sozial- oder wirtschaftspolitischen Angelegenheiten befassen, deshalb allein bestimmte Vorschriften des Vereinsgesetzes über politische Vereine und „deren" Versammlungen, d. h. Vereinsversammlungen nicht anwendbar sein sollen. Unter Vereinsversammlungen aber sind nur Versammlungen der Mitglieder des Vereins, nur geschlossene Vereinsversammlungen zu verstehen. Öffentliche Versammlungen sind keine Vereinsversammlungen, sie sind dies auch dann nicht, wenn sie von einem Vereine veranstaltet oder veranlaßt werden. „Vereins"-Versammlungen und „öffentliche" Versammlungen stehen zueinander gewissermaßen gegensätzlich. Es handelt sich bei der Bestimmung des § 17a um eine Ausnahmevorschrift. Nach dem Gesetz sollen nur die für die politischen Vereine und ihre Versammlungen geltenden besonderen Vorschriften des Reichsvereinsgesetzes nicht anwendbar sein (Begründung S. 11). Ausnahmegesetze dürfen nur streng ausgelegt werden. Von der Befreiung öffentlicher Gewerkschaftsversammlungen von den Vorschriften des Vereinsgesetzes über öffentliche politische Versammlungen enthält § 17a kein Wort. Danach ist also den Jugendlichen auch künftighin die Anwesenheit in öffentlichen Gewerkschaftsversammlungen, in denen auf sozial- oder wirtschaftspolitische Angelegenheiten, sei es auch nur innerhalb der vom § 17a gegebenen Grenzen eingewirkt werden soll, verboten*).

Anders liegt wiederum der Fall bei öffentlichen sogenannten „Koalitionsversammlungen", d. h. bei öffentlichen Versammlungen von Gewerkschaften lediglich zur Erörterung von „Verabredungen und Vereinigungen" zum Behufe der Erlangung günstiger Lohn- und Arbeitsbedingungen, insbesondere mittels Einstellung der Arbeit oder Entlassung der Arbeiter. Die Erörterung innerhalb dieses Rahmens ist den Gewerkschaften durch § 152 der Gewerbeordnung freigegeben. Es handelt sich bei dieser bloßen Erörterung von Verabredungen und Vereinigungen zum Behufe der Erlangung günstiger Lohn- und Arbeitsbedingungen um ein viel engeres Gebiet von Gegenständen und um eine viel beschränktere Tätigkeit als in den Fällen des § 17a. Die im § 152 der Gewerbeordnung bezeichneten Angelegenheiten sind, wie dies bereits bei der Kommissionsberatung des Vereinsgesetzes vom Staatssekretär des Innern hervorgehoben wurde (s. S. 7), „als solche überhaupt nicht politischer Natur". Versammlungen zu ihrer Erörterung sind auch nach dem Vereinsgesetz nicht, wie öffentliche politische Versammlungen, anzeigepflichtig.

---

*) Die abweichende Auffassung S. 367 der 4. Auflage des Kommentars des Verfassers zum Vereinsgesetz beruht auf einem Versehen; eine rechtzeitige Berichtigung scheiterte daran, daß der Verfasser sich im Felde befindet und bei Absendung der Berichtigung der Druck bereits beendet war.

Daraus ergibt sich von selbst, daß öffentliche Versammlungen, in denen ausschließlich diese Gegenstände „nicht politischer Natur" erörtert werden, ohne gleichzeitige Einwirkung auf politische, sozial- oder wirtschaftspolitische Angelegenheiten, auch keine „politische" Versammlungen sein können. Das führt dann weiter dazu, daß den Jugendlichen der Zutritt zu solchen Versammlungen freisteht. S. auch S. 62.

Begriff der „öffentlichen politischen Versammlung".

Wenn hiernach feststeht, daß die Jugendlichen in keinerlei öffentlichen politischen Versammlungen anwesend sein dürfen, so ist noch zu untersuchen, was unter einer öffentlichen politischen Versammlung zu verstehen ist.

Nach § 5 des Vereinsgesetzes ist eine öffentliche politische Versammlung eine „öffentliche Versammlung zur Erörterung politischer Angelegenheiten". Es muß sich also um eine Versammlung handeln, die „öffentlich" ist und die veranstaltet wird zum Zwecke der Erörterung politischer Angelegenheiten. Weitere Bestimmungen über die hier in Betracht kommenden Begriffe hat das Gesetz selbst nicht gegeben, weder ist bestimmt, was eine „Versammlung" ist, noch wann sie „öffentlich" ist, noch was unter „Erörterung" zu verstehen ist, noch was als „politische Angelegenheit" zu gelten hat. Das Gesetz hat es „mit Rücksicht auf die Bedenken, die jeder Begriffsbestimmung auf dem Gebiete des öffentlichen Lebens entgegenstehen", absichtlich vermieden, diese Begriffe zu bestimmen; ihre Feststellung soll der Wissenschaft und der Rechtsprechung (der ordentlichen Gerichte und der Verwaltungsgerichte) überlassen bleiben. Das ist in der Begründung des Entwurfes des Vereinsgesetzes mehrfach zum Ausdrucke gebracht und auch bei der Beratung des Gesetzes oftmals betont worden.

a) „Versammlungen" sind Zusammenkünfte (vorübergehende Verbindungen) einer Mehrzahl von Personen zur Verhandlung oder Beschlußfassung über eine gemeinschaftliche Angelegenheit (Jolly in Stengel, Wörterbuch des deutschen Verwaltungsrechtes Bd. 2, S. 666). Nach einer Entscheidung des Reichsgerichts (in Strafsachen Bd. 21, S. 73) wird für den Begriff der „Versammlung" „in jedem Falle vorausgesetzt eine gewisse, nicht allzu klein an Zahl bemessene, äußerlich irgendwie vereinigte Personenmehrheit oder Menschenmenge. Eine solche Personenmehrheit pflegt man „Versammlung" zu nennen, sobald zu dem, oft nur zufälligen oder scheinbaren, durch das örtliche Zusammensein bedingten äußeren

Bande eine auf gemeinsamen, bewußten Zwecken und Zielen, also auf gemeinsamem Wollen beruhende innere Vereinigung hinzutritt. Und man unterscheidet in dieser Beziehung „Verein“ bzw. „Verbindung“ von „Versammlung“, je nachdem die in Frage stehende Personenmehrheit es auf gewisse dauernde Ziele oder nur auf ein zeitweiliges, für einen augenblicklichen oder doch verhältnismäßig schnell vorübergehenden Zweck berechnetes Zusammentreten abgesehen hat“. Einer bestimmten Organisation bedarf die „flüchtige Erscheinung einer Versammlung nicht. Nicht die Organisation, sondern lediglich der gemeinsame praktische Zweck unterscheidet die einheitlich verbundene Versammlung von der formlosen, unverbundenen Menschenmenge. An sich aber ist jeder Zweck geeignet, das Einigungsband und den inneren Mittelpunkt einer Versammlung abzugeben.“ Der Begriff „Versammlung“ verlangt, so heißt es in einem Urteil des Preuß. Kammergerichts vom 5. 6. 1909 (Zeitschr. f. Pol. u. Verwaltungsbeamte 18, 75), daß das Zusammensein ein bewußtes und gewolltes ist, daß ein inneres Band bei den einzelnen Personen besteht.

Man unterscheidet nicht öffentliche, sogen. geschlossene, und öffentliche Versammlungen. Unter ersteren versteht man Versammlungen, zu denen von vornherein nur ganz bestimmten, namentlich oder individuell bezeichneten Personen der Zutritt zusteht. „Nicht öffentlich“, so spricht sich das Preuß. Kammergericht aus, „ist eine Versammlung, wenn die Teilnahme an ihr nur einem individuell begrenzten Personenkreis zusteht. Dies setzt voraus, daß der Kreis der Teilnehmer nach außen abgeschlossen und durch persönliche Beziehungen oder gemeinsame Zwecke verbunden ist.“ Urteil vom 28. 6. 1910, Deutsche Juristen-Zeitung 1910 Sp. 976; Urteil vom 2. 7. 1907 in Johow, Entscheid. Bd. 35, C 39.

b) Wann ist nun eine Versammlung eine „öffentliche“? Öffentliche Versammlungen sind solche, welche nicht nur bestimmten Personen, sondern jedermann die Teilnahme gestatten, sei es auch, daß die Aufforderung zur Teilnahme nur an einen engeren Kreis, z. B. die Arbeiter oder die Bürger gerichtet worden ist (Jolly in Stengel, Wörterbuch des deutschen Verwaltungsrechts Bd. 2 S. 666). Das Reichsgericht spricht sich (Entscheid. in Strafsachen Bd. 21 S. 418) über den Begriff der öffentlichen Versammlung folgendermaßen aus: „Unter einer öffentlichen Versammlung muß jede Versammlung verstanden werden, zu welcher der Zutritt nicht auf vorher namentlich oder sonst individuell bezeichnete Personen beschränkt, sondern, sei es auch unter Erfüllung gewisser Bedingungen, jedem gestattet ist, gleichviel übrigens, ob die Aufforderung zur Teilnahme gleich von vornherein eine allgemeine, oder ob die ursprüngliche Beschränkung auf bestimmte Personen tatsächlich bei Abhaltung der Versammlung aufgegeben worden ist, und gleichviel, ob die Versammlung in der Einladung ausdrücklich als eine öffentliche bezeichnet war oder nicht." S. auch E. d. R.G. v. 22. 10. 15 (Pr. Verw. Bl. 37, 101). Und in den oben angeführten Urteilen des Preuß. Kammergerichts heißt es: „Öffentlich ist eine Versammlung, wenn nach der Art der Einberufung jedermann oder eine unbestimmte Menschenmenge geladen ist oder doch tatsächlich zur Versammlung zugelassen wird."

Erhebung eines Eintrittsgeldes schließt die Öffentlichkeit einer Versammlung nicht aus.

Auch der Ort der Abhaltung ist für die Beurteilung nicht entscheidend. Ob eine Versammlung in öffentlichem oder im Privatraum abgehalten wird, ist für die Frage, ob sie selbst öffentlich ist, unerheblich. Auch in einer Privatwohnung kann eine öffentliche Versammlung stattfinden. Begründung des Entwurfs des Vereinsgesetzes S. 30; Urteil des Preuß. Kammergerichts vom 13. 5. 1910 (Deutsche Juristen-Zeitung 1910 Sp. 772).

Reine Vereinsversammlungen sind keine öffentlichen Versammlungen. Jedoch kann unter Umständen auch eine Vereinsversammlung den Charakter einer öffentlichen Versammlung gewinnen, wenn nämlich der Zutritt außer den Vereinsmitgliedern und den Gästen noch anderen Personen freisteht und dadurch die Beschränkung auf einen individuell begrenzten Personenkreis aufgehoben wird. Es ist nicht entscheidend, wer eingeladen hat oder von vornherein eingeladen worden ist, sondern in welchem Umfange tatsächlich eine unbestimmte Personenmehrheit zugelassen wird. Urteile des Preuß. Oberverwaltungsgerichts vom 4. 6. 1909 und 20. 9. 1910 (Enscheid. Bd. 54 S. 281, 295, Bd. 57 S. 337); Urteile des Preuß. Kammergerichts vom 16. 2. 1909 und 13. 5. 1910 (Deutsche Juristen-Zeitung 1909 Sp. 608 und 1910 Sp. 772). Zu der Frage, inwieweit Vereinsversammlungen als öffentliche Versammlungen angesehen werden können, ist in der Begründung des Entwurfs des Vereinsgesetzes ausgeführt (S. 30):

„Unter „öffentlichen" Versammlungen will der Entwurf nicht nur diejenigen verstanden wissen, welche als solche veranstaltet werden, sondern im Gegensatz zu den eigentlichen geschlossenen Versammlungen entsprechend der geltenden Rechtsprechung insbesondere auch die Versammlungen solcher Vereine, die nach der räumlichen Ausdehnung des Gebiets, das sie umfassen, wie nach der Zahl ihrer Mitglieder so groß sind, deren Organisation eine so lose ist, bei denen der Erwerb und Verlust der Mitgliedschaft an so geringe Voraussetzungen gebunden und so wechselnd ist, daß von ihnen nicht gesagt werden kann, ihre Mitglieder bilden einen in sich geschlossenen, bestimmt abgegrenzten Kreis von innerlich unter sich verbundenen Personen (Entscheid. des Reichsgerichts in Strafsachen Bd. 21 S. 256). Für die rechtliche Beurteilung macht es daher keinen Unterschied, ob eine Versammlung eine Vereinsversammlung ist oder nicht. Vielmehr ist auch eine Vereinszusammenkunft, wenn sie die Merkmale einer öffentlichen Versammlung an sich trägt, als solche zu behandeln."

Zu diesen Ausführungen in der Begründung bemerkte der Staatssekretär des Innern bei der Kommissionsberatung des Entwurfes des Vereinsgesetzes erläuternd (Kom.Ber. S. 55): Wenn in der Begründung gesagt sei, daß eine äußerlich in den Formen einer Vereinsversammlung sich abspielende Versammlung dennoch eine öffentliche sein könne, so habe damit keineswegs die Polizei darauf hingewiesen werden sollen, daß sie auf Umwegen Vereinsversammlungen den von dem Entwurfe für öffentliche Versammlungen gegebenen Vorschriften unterstelle. Es werde damit in Anlehnung an höchstgerichtliche Entscheidungen nur gesagt, daß Fälle möglich seien, in denen eine als Vereinsversammlung veranstaltete Versammlung zu einer öffentlichen werden könne. Die Hervorhebung der Merkmale bedeute auch einen Hinweis darauf, daß aus unwesentlichen Umständen, wie der Abhaltung der Veranstaltung in einem öffentlichen Lokal oder der Erhebung eines Eintrittsgeldes, nicht gefolgert werden dürfe, daß es sich um eine öffentliche Versammlung handele.

In Übereinstimmung mit dieser Erklärung heißt es auch im Runderlaß des preußischen Ministers des Innern an sämtliche Landräte und die ihnen unterstellten Ortspolizeibehörden vom 13. Mai 1908 zum § 5 des Vereinsgesetzes: „Es ist also auch eine Vereinszusammenkunft, wenn sie die Merkmale einer öffentlichen Versammlung an sich trägt, als solche zu behandeln. Andererseits darf aber eine Vereinsversammlung nicht schon deshalb als eine öffentliche angesehen werden, weil an ihr einige Personen teilnehmen, die nicht Mitglieder des Vereins sind. Ebensowenig wird eine Versammlung dadurch, daß sie in einem öffentlichen Lokale veranstaltet wird oder daß ein Eintrittsgeld erhoben wird, ohne weiteres als eine öffentliche charakterisiert."

Für die Beantwortung der Frage, ob eine Vereinsversammlung ausnahmsweise als eine öffentliche Versammlung angesehen werden darf, sind die Tatumstände des einzelnen Falles und die ganze mit ihm zusammenhängende Sachlage maßgebend.

c) Eine öffentliche Versammlung ist eine öffentliche „politische" Versammlung, wenn sie veranstaltet, d. h. berufen wird zum Zwecke der „Erörterung" politischer Angelegenheiten.

„Erörtern" heißt: eine Sache nach ihrem Grund und Wesen untersuchen, auseinandersetzen. Für den Begriff der Erörterung ist es nicht nötig, daß der Erörternde die Gründe für und wider entwickelt. Auch eine einseitige Beleuchtung und Betrachtung ist eine Erörterung. Ebensowenig gehört zum Wesen der „Erörterung" die Äußerung der eigenen Meinung, noch weniger etwa eine sogenannte Diskussion oder Debatte. Auch die äußere Form, in welcher die „Erörterung" zum Vortrag gelangt, ist ohne Bedeutung, so daß grundsätzlich auch die Form einer gesanglichen oder szenischen Vorführung nicht ausgeschlossen erscheint. „Immerhin aber muß der Inhalt des Vortrages derart sein, daß eine öffentliche Angelegenheit zum Gegenstand prinzipieller sachlicher Besprechung gemacht wird, um damit auf das Verständnis der Hörer einzuwirken oder eine Klärung streitiger Fragen herbeizuführen. Dies wird bei humoristischen Vorträgen, die in erster Linie dem Zwecke der Unterhaltung und Erheiterung dienen sollen, der Regel nach nicht zutreffen, auch wenn sie ihre Spitze gegen bestehende staatliche oder gesellschaftliche Zustände richten." Entscheid. des Reichsgerichts in Strafsachen Bd. 38 S. 185; Entsch. des Preuß. Kammergerichts vom 19. 9. 1891 in Johow, Entscheid. Bd. 22, C 211; Entsch. des Preuß. Oberverwaltungsgerichts vom 16. 10. 1900 in Entscheid. Bd. 38 S. 417. Auch in dem Vorlesen aus Büchern und Zeitungen ist eine „Erörterung" erblickt worden. Entsch. des Preuß. Kammergerichts vom 12. 1. 1893 in Johow, Entscheid. Bd. 13 S. 364. Die bloße Stellung eines Antrages oder das bloße Vorbringen eines Vorschlages kann noch nicht als „Erörterung" gelten, wohl aber schon seine bloße Befürwortung oder Begründung durch den Antragsteller sowie die Beschlußfassung oder Abstimmung über einen Antrag oder Vorschlag, auch wenn darüber in der Versammlung nicht beraten ist. (Entnommen Romen, Vereinsgesetz, 4. Aufl., Berlin 1916, Verlag von J. Guttentag GmbH., S. 72, 152.)

d) Der Begriff „politische Angelegenheit", dessen Bestimmung, wie bemerkt, vom Gesetz absichtlich der Wissenschaft und Rechtsprechung überlassen worden ist, wird vom Reichsgericht (Entsch. in Straff. Bd. 44 S. 426, Bd. 16 S. 384) dahin ausgelegt: „Als politische Angelegenheiten haben alle Angelegenheiten zu gelten, die unmittelbar den Staat, dessen Verfassung, Verwaltung, Gesetzgebung, die staatsbürgerlichen Rechte der Untertanen und die Beziehungen der Staaten zueinander in sich begreifen." Nach einer anderen Entscheidung des Reichsgerichts (Bd. 22 S. 340) kommt es für den Begriff „politische Angelegenheit" ausschließlich darauf an, „ob der fragliche Gegenstand als solcher unmittelbar den Staat, seine Gesetzgebung oder Verwaltung berührt, seine Organe und Funktionen in Bewegung setzt". In ähnlicher Weise haben sich höchste Gerichtshöfe der Bundesstaaten ausgesprochen. Näheres s. S. 69. Über politische Angelegenheiten im einzelnen s. S. 67 fl.

Zu den „politischen" Angelegenheiten gehören auch die Angelegenheiten der Sozialpolitik und der Wirtschaftspolitik. Sie sind als eine Unterart der Politik anzusehen. Das wird von den höchsten Gerichtshöfen angenommen. An dieser Rechtsprechung will das neue Gesetz nicht rühren, sie soll unverändert bestehen bleiben (s. auch S. 54).

Rein wirtschaftliche Angelegenheiten oder „wirtschaftliche Fragen" sind keine politischen Angelegenheiten.

Ihre Eigenschaft als politische Angelegenheiten verlieren die sozial- und wirtschaftspolitischen Angelegenheiten auch dadurch nicht, daß sie „im Zusammenhange stehen mit der Erlangung oder Erhaltung günstiger Lohn- oder Arbeitsbedingungen" und den übrigen in § 17a bezeichneten Fragen. Das Gesetz geht nicht so weit, sozial- und wirtschaftspolitische Angelegenheiten deshalb, weil sie mit den angeführten Fragen im Zusammenhange stehen, einfach für nicht politische Angelegenheiten zu erklären, sie bleiben vielmehr, was sie sind: politische Angelegenheiten. Das Gesetz sagt nur, daß auf gewisse Vereine, die sich in bestimmten Grenzen, im Rahmen ihrer Berufsaufgaben mit sozial- oder wirtschaftspolitischen Angelegenheiten befassen, deshalb allein bestimmte Vorschriften des Vereinsgesetzes über politische Vereine und deren Versammlungen nicht anzuwenden sein sollen. Das sind zwei ganz verschiedene Dinge. Der Annahme, daß die sozial- und wirtschaftspolitischen Angelegenheiten politische Angelegenheiten sind und bleiben, auch wenn sie „mit der Erlangung oder Erhaltung günstiger Lohn- oder Arbeitsbedingungen usw. in Zusammenhange stehen", widerspricht auch keineswegs die Erklärung des Staatssekretärs des Innern bei der Kommissionsberatung des Vereinsgesetzes (Drucksachen des Reichstages 12. Legislaturperiode, I. Session 1907/08, Nr. 819 S. 62): „Die im § 152 der Gewerbeordnung bezeichneten Angelegenheiten (das sind „Verabredungen und Vereinigungen zum Behufe der Erlangung günstiger Lohn- und Arbeitsbedingungen") seien bei richtiger Auslegung des Gesetzes überhaupt nicht politischer Natur." Diese Erklärung bezieht sich nur auf die im § 152 der Gewerbeordnung bezeichneten Fragen, auch nur auf „Verabredungen und Vereinigungen". Der Begriff „sozial- und wirtschaftspolitische Angelegenheiten" ist viel weiter. Die Grenzen des § 152 sind viel enger, er umfaßt ein viel kleineres Gebiet als der Begriff „sozial- und wirtschaftspolitische Angelegenheit". Es gilt, was in dem Runderlaß des preußischen Ministers des Innern vom 13. Mai 1908 Z. 9 ausgeführt ist: Unter § 152 der Gewerbeordnung fallen nicht Verabredungen und Vereinigungen, die, über den Bereich der konkreten Interessen der Beteiligten hinausgehend, eine Änderung der Lage der Arbeiter gegenüber den Arbeitgebern überhaupt anstreben oder die für Arbeitnehmer oder -geber günstigere Lohn- und Arbeitsbedingungen durch Veränderung der Gesetzgebung, durch Einwirkung auf die Sozialpolitik oder durch Zuhilfenahme der Staatsmittel indirekt zu erreichen bezwecken. Solche Angelegenheiten gehen über den Rahmen des § 152 der Gewerbeordnung hinaus und liegen auf politischem Gebiete.

Autoritäts- und Disziplinarrecht der Eltern, Vormünder, Schulen, Kirchen, Erzieher und Lehrherren.

Durch die neue Bestimmung ist das Autoritäts- und Disziplinarrecht der Eltern, Vormünder, Schulen (Volks-, mittleren und höheren Schulen), Kirchen, Erzieher und Lehrherren, ihr Recht, die Vereinsfreiheit der ihnen unterstellten Zöglinge zu beschränken, in keiner Weise berührt und eingeengt worden. Die Frage wurde bei den Verhandlungen über die Vorlage ausführlich erörtert.

In der Kommissionsberatung hob ein Vertreter der

verbündeten Regierungen zunächst hervor (Kom.Ber. S. 11): „Was das Verhältnis des Vereinsrechtes zum Disziplinarrecht der Schule betreffe, sei folgendes zu sagen: Das Disziplinarrecht der Schule über die Schüler und das Recht jugendlicher Personen, Vereinen der im Gesetzentwurf bezeichneten Art beizutreten, gehörten zwei sich überhaupt nicht berührenden Rechtsgebieten an; wenn man einen geologischen Vergleich zulasse, könne man sagen, sie lägen in verschiedenen Horizonten. Dies bedeute, daß das Recht der Schule durch das Vereinsgesetz nicht eingeschränkt werde." Und an einer anderen Stelle erklärte er (Kom.Ber. S. 18): „bereits bei den Beratungen des Reichsvereinsgesetzes sei darauf hingewiesen worden, „daß das Recht der Eltern, Vormünder, Erzieher und Lehrherren, die Vereinsfreiheit der ihrer Obhut anvertrauten Zöglinge zu beschränken, durch das Vereinsgesetz nicht beeinträchtigt werde".

Auf diese Erklärungen des Vertreters der verbündeten Regierungen kamen bei der zweiten Beratung des Entwurfs in der Vollversammlung des Reichstages mehrere Abgeordnete zurück. „In den Beratungen der Kommission", so führte zuerst der Abgeordnete Gröber aus (Sten.Ber. S. 1473 A, B), „ist, wie seinerzeit bei der Beratung des Vereinsgesetzes, die Frage behandelt worden, wie sich das Vereinsrecht zu der Regelung der Gewaltverhältnisse verhalte, die durch die Schuldisziplin und durch das Verhältnis des Lehrherrn zum Lehrling gegeben sind. In Übereinstimmung mit den Erklärungen der Regierung vom Jahre 1908 hat der Herr Vertreter der verbündeten Regierungen auch diesmal in der Kommission die Erklärung abgegeben, daß diese besonderen Gewaltverhältnisse neben dem Vereinsgesetz bestehen, ohne daß ihre Regelung durch die Schulordnung und durch die Gewerbeordnung, durch das Gesetz über das Vereins- und Versammlungsrecht und die jetzige Novelle eine Änderung erfahren würde. Meine politischen Freunde legen Wert darauf, daß diese Erklärung hier in der zweiten Lesung wiederholt wird und vielleicht eine etwas präzisere Fassung erhält. Ich möchte deshalb an die Herren Vertreter der verbündeten Regierungen die Bitte richten, uns die Erklärung über das Verhältnis der Schuldisziplin und der Disziplin des Lehrherrn gegenüber dem Lehrling hier in der öffentlichen Sitzung des Reichstags wiederholen und eingehend präzisieren zu wollen." Sodann nahm der Abgeordnete Dr. Oertel die Frage wieder auf. „Es herrscht hier ja noch", so äußerte er sich (Sten.Ber. S. 1482 D)

1483 A), „eine gewisse Unklarheit, die noch nicht gehoben ist, obwohl der Herr Abgeordnete Gröber — meines Erachtens mit Recht — gebeten hat, daß sie gehoben werde. Wie steht es mit dem Rechte der Schulzucht, mit dem Rechte der Zucht für Volksschulen, für höhere Schulen, für Fortbildungsschulen? Soweit ich die nicht immer ganz verständlichen Ausführungen des Herrn Vertreters der verbündeten Regierungen im Ausschusse verstanden habe, ist er der Meinung, daß die Schulzucht in den höheren und niederen Schulen durch das Gesetz nicht berührt wird. Die Schule hat also nach wie vor das Recht, Schülern zu verbieten, an Gewerkschaften, den Versammlungen der Gewerkschaften teilzunehmen. Wie steht es aber mit den Fortbildungsschulen? Darüber ist uns keine Auskunft gegeben worden; und ist die Frage so ganz unstrittig? Kann man nicht auch hier den vielfach mißbrauchten und zu Tode gehetzten Grundsatz anwenden: Reichsrecht geht vor einzelstaatlichem Rechte? Wird diese Frage nicht strittig werden? Es muß hier mindestens eine unzweideutige Erklärung — um die ich den Herrn Staatssekretär des Innern dringend bitte — abgegeben werden. Aber selbst wenn sie abgegeben würde, so werden dadurch die Bedenken, die vom erzieherischen Standpunkt aus gehegt werden, nicht beseitigt." Schließlich äußerte sich noch der Abgeordnete Behrens folgendermaßen (Sten.Ber. S. 1484 D): „Nun wurde die Frage aufgeworfen, wie steht es mit der Schulzucht und der väterlichen Gewalt? Daß diese Frage aufgeworfen werden konnte, ist mir rätselhaft. Das Vereinsgesetz regelt ausschließlich das, was ein Verein tun darf, aber nicht das, was außerhalb des Vereins die Autoritäten tun dürfen; wie die Schule und das Elternhaus ihre Autorität über den Jugendlichen ausüben, das wird nicht durch das Vereinsgesetz geregelt oder bestimmt. Die Schulzucht und die väterliche Gewalt wird durch dieses Gesetz in keiner Weise beschränkt. Würde das Gesetz in die väterliche Gewalt und Schulzucht eingreifen, so würde ich als erster dagegen stimmen. Aber das ist nicht der Fall, und darum werde ich dafür stimmen."

Im Anschluß an diese Ausführungen erwiderte der Vertreter der verbündeten Regierungen, Direktor im Reichsamt des Innern Dr. Lewald (Sten.Ber. S. 1485 B, C): „Die erste der (ganz bestimmt von Vertretern großer Parteien an die Regierung gerichteten) Fragen ist von dem Herrn Abgeordneten Gröber gestellt worden und bezieht sich auf das Verhältnis der autoritären Gewalten möchte ich ganz im allgemeinen sagen — zu dem im

§ 1 des Vereinsgesetzes gewährten Vereinigungsrecht. Der Herr Abgeordnete Behrens hat, glaube ich, eben in durchaus zutreffender Weise dieses Verhältnis charakterisiert. Auch in dem Ausschuß, dem der Entwurf überwiesen war, ist diese Frage eingehend erörtert worden, und ich selbst habe dort als Vertreter der verbündeten Regierungen zu ihr Stellung genommen und gesagt, daß das Recht der Schule durch das Vereinsgesetz nicht eingeschränkt werde.

Meine Herren, es ist Ihnen bekannt, daß in dem Entwurf des Vereinsgesetzes, der im Jahre 1907 dem Reichstage vorgelegt wurde, eine dem § 17 entsprechende Vorschrift überhaupt fehlte. Dies war in den Motiven zu dem Gesetz damit begründet, daß es „nicht notwendig erschiene, eine entsprechende Vorschrift ausdrücklich in das Gesetz aufzunehmen, da zum Schutze gegen Unzuträglichkeiten ein ausreichender Ersatz einerseits in dem elterlichen Einfluß und der Handhabung der Schulzucht, andererseits in der Stellung zu finden sei, die die §§ 127 und 127a der Gewerbeordnung dem Lehrherrn gegenüber dem seiner väterlichen Zucht unterworfenen Lehrling anweisen. Bei den zahlreichen Erörterungen, die in diesem hohen Hause fast alljährlich über das Vereinsgesetz stattgefunden haben, und von denen ich hoffe, daß sie sich, wenn dieser Entwurf angenommen werden wird, sehr viel ruhiger und friedlicher abspielen oder womöglich ganz verschwinden werden, war immer einer der Hauptstreitpunkte: Wie stellt sich das Autoritätsrecht der Eltern, des Lehrherrn, der Kirche, der Schule, des Arbeitgebers, das Recht der Behörde ihren Beamten gegenüber zu dem Koalitionsrecht?

Der Herr Staatssekretär Dr. Delbrück hat bei einer sehr eingehenden und — ich möchte eigentlich sagen — grundlegenden Erörterung der gesamten Frage des Koalitionsrechts in einer Rede, die er am 10. Dezember 1912 hier gehalten hat, den Standpunkt der verbündeten Regierungen und der Reichsleitung dargelegt, und ich kann feststellen, daß dieser Standpunkt noch heute unverändert der Standpunkt der verbündeten Regierungen und der Reichsleitung ist. Herr Dr. Delbrück hat damals darauf hingewiesen, daß der § 1 des Vereinsrechtes nicht gestattet, ein schrankenloses Koalitionsrecht darauf aufzubauen. Es wäre bei der Beratung des Vereinsgesetzes darauf hingewiesen worden, daß Beschränkungen des Koalitionsrechts im Wege des Vertrags auch nach dem Erlaß des Gesetzes möglich seien; es sei wiederholt darauf hingewiesen worden, daß das Gesetz nicht geeignet sei, das Recht der Eltern, der Vormünder, Erzieher und Lehrherren zu beeinträchtigen, die Vereinsfreiheit der ihrer Obhut und hrer Gewalt anvertrauten Zöglinge zu beschränken. Meine Herren, ich glaube, das ist ganz unzweifelhaft, ist schließlich auch von allen Parteien des Hauses, von manchen mit starkem Widerspruch und Bedauern, als gültiges Recht anerkannt worden."

Disziplinarrecht der Fortbildungsschulen.

Was bezüglich des Disziplinarrechtes für die allgemeinen Schulen gilt, das gilt grundsätzlich ebenso für die Fortbildungsschulen. Auch diese Frage fand bei den Verhandlungen über den Entwurf eingehende Erörterung.

Bereits in der Kommissionsberatung wurde von einem Mitgliede der Kommission die Frage gestellt (Kom.Ber. S. 10), „ob bei Annahme der Novelle die Sonderbestimmungen über das Disziplinarrecht in den Fortbildungsschulen in Bayern aufrecht erhalten bleiben oder nicht". Bei der zweiten Beratung im Reichstag bat dann, wie bereits angegeben (s. S. 63, 64), der Abgeordnete Dr. Oertel den Staatssekretär des Innern nochmals „dringend um eine unzweideutige Erklärung, wie es mit den Fortbildungsschulen stehe". Der Vertreter der verbündeten Regierungen, Direktor im Reichsamt des Innern Dr. Lewald, führte darauf folgendes aus (Sten.Ber. S. 1485 C, D, 1486 A):

„Nun hat der Herr Abgeordnete Oertel die Frage an den Herrn Staatssekretär des Innern gerichtet: Wie steht es mit den Fortbildungsschulen? Gilt für die Fortbildungsschulen ganz das gleiche wie für die allgemeinen Schulen, können auch sie wie die niederen und mittleren Schulen dieses Recht ausüben? Daß die mittleren Schulen es auch über das 18. Lebensjahr ihrer Schüler hinaus besitzen, darüber sind wir uns völlig klar. Ich habe bereits im Jahre 1914 hier gesagt: Wenn die Oberprimaner öffentliche Versammlungen abhalten, können sie von keinem Polizeipräsidenten daran gehindert werden, ob aber die Direktoren diesen jungen Leuten Karzer geben, ist eine andere Frage; das wird durch das Vereinsgesetz nicht geregelt.

Nun, das Recht der gewerblichen Fortbildungsschulen beruht auf dem § 120 der Gewerbeordnung Dort heißt es, daß Vorschriften erlassen werden können, durch welche die Ordnung der Fortbildungsschule und ein gebührliches Verhalten der Schüler gesichert wird. Weitere Bestimmungen über Rechte und Aufgaben der Fortbildungsschulen sind den Einzelstaaten überlassen. Es gibt keine Bestimmung des Reichsrechtes, die sich darauf bezöge, wie die Einzelstaaten das Disziplinarrecht der Fortbildungsschulen ihren Schülern gegenüber regeln. Da in Preußen ein Fortbildungsschulgesetz infolge des Scheiterns des Entwurfes von 1911 nicht besteht, so kommen als Grundlage der den Organen der Fortbildungsschule zustehenden Disziplinarbefugnis einerseits die allgemeinen Grundsätze des preußischen Schulrechtes, andererseits die eben angeführte Vorschrift der Gewerbeordnung in Betracht. Der Ausübung der Disziplinarbefugnis bei Fortbildungsschulen werden im allgemeinen durch den Umstand weitergehende Grenzen als für die unteren und mittleren Schulen gezogen sein, daß die Fortbildungsschüler in erster Linie gewerbliche Arbeiter sind und der Fortbildungsschule nur wenige Stunden in der Woche angehören. Der Fall, daß Fortbildungsschülern von seiten der Schule der Eintritt in Gewerkschaften oder der Besuch von Gewerkschaftsversammlungen verboten sei, ist meines Wissens in Preußen bisher nicht vorgekommen. Immerhin ist der Fall denkbar, daß es zur Erreichung des Erziehungszweckes der Fortbildungsschule nötig werden kann, auch die Teilnahme von Fortbildungsschülern an Vereinen und Versammlungen zum Gegenstande von Anordnungen der Schule zu machen. Insoweit gilt der allgemeine Gesichtspunkt, daß die Disziplinarrechte öffentlich-rechtlicher Organe durch das Vereinsgesetz, wie der Herr Abgeordnete Behrens zutreffend dargelegt hat (s. S. 64), nicht beeinträchtigt werden."

„Politische Angelegenheiten."

Das Gesetz gibt den Vereinen, für die es überhaupt gilt (s. S. 32 ff.), die Einwirkung auf „Angelegenheiten der Sozialpolitik und der Wirtschaftspolitik" in genau bestimmtem Umfange frei. „Unter den einen oder den anderen dieser Begriffe", so heißt es hierzu in der Begründung des Entwurfes S. 12, „werden sich alle mit den Aufgaben der Gewerkschaften und ähnlichen Vereinigungen im Zusammenhange stehenden Angelegenheiten bringen lassen, die als „politische" Angelegenheiten angesehen werden können, auch wenn für die Auslegung dieses umfassenderen Begriffes die gegenwärtige Rechtsprechung beibehalten wird."

Ausgeschieden werden hiernach durch das Gesetz zunächst rein politische Angelegenheiten, die weder zur Sozialpolitik noch zur Wirtschaftspolitik gehören, also namentlich Fragen der auswärtigen Politik, der Verfassungen des Reichs und der Bundesstaaten sowie Wahlrechtsbestimmungen. „Würde den Gewerkschaften und ähnlichen Verbänden", so heißt es hierzu in der Begründnng des Entwurfes S. 13, „auch die Einwirkung auf derartige Angelegenheiten freigegeben, so würde die Grenzlinie zwischen wirtschaftlichen Verbänden, die sie sind und bleiben sollen, und politischen Vereinen verwischt werden." „Allgemein politische Angelegenheiten", so wird demselben Gedanken in der Begründung des Entwurfs eines Gesetzes, betreffend gewerbliche Berufsvereine (Drucks. des Reichstages 11. Legislatur-Periode, II. Session 1905/1907, Nr. 533 S. 22), Ausdruck gegeben, „fallen aus dem Interessengebiete der gewerblichen Berufsvereine heraus und können auch nicht wegen einer wirklichen oder angeblichen mittelbaren Einwirkung auf die Berufsinteressen in die Vereinstätigkeit einbezogen werden. Dies trifft vor allem auch für die Wahlen zu politischen, kommunalen oder kirchlichen Vertretungen zu."

Mit Bezug auf Wahlangelegenheiten äußerte bei der Kommissionsberatung ein Vertreter der verbündeten Regierungen (Kom.Ber. S. 8) noch: „So sei es zweifellos, daß nach der Vorlage eine Gewerkschaft als ein politischer Verein zu betrachten sein würde, wenn sie sich mit einer Agitation zum Zwecke der Einführung des Reichstagswahlrechtes für die Wahlen zum Preußischen Abgeordnetenhaus befassen würde. Auch die Einführung des aktiven und passiven Wahlrechtes der Frauen zu den Parlamenten würde als eine reinpolitische Angelegenheit zu gelten haben. Dagegen werde z. B. die Frage, ob in der obersten Instanz der Arbeiterversicherung Frauen mitwirken sollten, als eine sozialpolitische anzusehen sein." S. auch S. 77.

Zu dem Begriff „politische Angelegenheit" ist im übrigen folgendes zu bemerken:

Was als „politische Angelegenheit" anzusehen ist, hat das Vereinsgesetz selbst nicht bestimmt. Das Gesetz hat es absichtlich vermieden, eine Begriffsbestimmung zu geben. Die Feststellung des Begriffes sollte der Wissenschaft und Rechtsprechung überlassen bleiben. Alle im Reichstag und in der Kommission des Reichstages zur Beratung des Entwurfes des Vereinsgesetzes gestellten Anträge, die eine gesetzliche Bestimmung des Begriffes der politischen Angelegenheiten oder eine gesetzliche Einschränkung dieses Begriffes bezweckten, sind abgelehnt worden, so auch die Aufnahme folgender Bestimmung zu § 3 Abs. 1:

„Politische Angelegenheiten im Sinne dieser Bestimmung sind solche, welche Verfassung, Verwaltung, Gesetzgebung des Staates, die staatlichen Rechte der Bürger und die internationalen Beziehungen der Staaten in sich begreifen."

Das Reichsgericht hat sich über den Begriff „politische Angelegenheiten" folgendermaßen ausgesprochen (Entscheid. in Strafsachen Bd. 44 S. 426, Bd. 16 S. 384):

„Als politische Angelegenheiten haben alle Angelegenheiten zu gelten, die unmittelbar den Staat, dessen Verfassung, Verwaltung, Gesetzgebung, die staatsbürgerlichen Rechte der Untertanen und die Beziehungen der Staaten zueinander in sich begreifen."

Und an einer anderen Stelle führt das Reichsgericht aus (Entscheid. in Strafsachen Bd. 22 S. 340):

„Es handelt sich für die Begriffsbestimmung „politische Gegenstände" nicht darum, durch irgendwelche Ideenverbindung zu ermitteln, ob der fragliche Gegenstand nicht unter Umständen und Bedingungen in die Interessen und Aufgaben des Staates hinübergreifen kann, sondern ausschließlich darum, ob der fragliche Gegenstand als solcher unmittelbar den Staat, seine Gesetzgebung oder Verwaltung berührt, seine Organe und Funktionen in Bewegung setzt."

In ähnlicher Weise haben entschieden das Preuß. Kammergericht im Urteil vom 7. Januar 1910 (Deutsche Juristen-Zeitung 1910 Sp. 544, wo es heißt:

„Politische Angelegenheiten sind jene, die die staatlichen Rechte der Bürger in sich begreifen",

ferner das Preuß. Oberverwaltungsgericht am 14. 10. 1910 (Preuß. Verwaltungsblatt 1910/11 S. 298) und am 4. 7 1911 (Reger, Entscheidungen der Gerichte und Verwaltungsbehörden aus dem Gebiete des Verwaltungs- und Polizeistrafrechts, Bd. 32 S. 554) sowie das Bayerische Oberste Landesgericht am 18. 12. 1909 (Reger, Entscheid. Bd. 30 S. 360). Das Preuß. Kammergericht führt in einer anderen Entscheidung aus (Johow, Jahrbuch für Entscheid. des Kammergerichts Bd. 8 S. 215):

„unter politischen Gegenständen" seien nicht bloß diejenigen zu verstehen, welche den Staat in bezug auf seine Zwecke und in bezug auf die zur Erreichung der letzteren anzuwendenden Mittel betreffen, also nicht bloß Gegenstände der Staatsweisheitslehre oder Politik im engeren Sinne, sondern es gehöre alles dazu, was unter den Begriff der Staatswissenschaft im weiteren Sinne zu subsumieren sei, also auch Fragen der Nationalökonomie oder Sozialpolitik".

Auch sonst wird die Sozialpolitik, wenigstens soweit es sich um Zwecke handelt, die der Staat verfolgt, indem er sich seinen sozialen Aufgaben unterzieht, als eine Unterart der Politik angesehen (s. Ausführungen des Preuß. Oberverwaltungsgerichts zu § 61 Abs. 2 des Bürgerlichen Gesetzbuches, Entscheid. Bd. 41 S. 399, 400 und Bd. 63 S. 298). Nach einem Urteil des Oberlandesgerichts Braunschweig vom 9. November 1911 (Deutsche Juristen-Zeitnng 1912 Sp. 288) werden sozialpolitische Angelegenheiten dadurch zu politischen, daß ihre Erreichung durch Einwirkung auf die Gesetzgebung oder die Organe des Staates versucht wird.

Ebenso werden „rein wirtschaftliche" Angelegenheiten oder „wirtschaftliche Fragen", die an sich nicht politischer Natur sind, beim Vorliegen der gleichen Voraussetzung, als politische Angelegenheiten angesehen, namentlich dann,

wenn „eine Änderung der bestehenden sozialen Zustände mittels staatlichen Zwanges oder gar mittels Beseitigung geltender Verfassungsgrundsätze erstrebt wird".

(Zu vergleichen das erwähnte Urteil des Oberlandesg. Braunschweig v. 9. 11. 1911, ferner Rechtsprechung des Reichsgerichts in Strafs. Bd. 9 S. 182, 183; Entscheid. des Reichsgerichts in Strafs. Bd. 16 S. 385.)

Es findet sich sogar allgemein ausgesprochen,

„ein Gegenstand" sei oder werde dann politisch, „wenn er als solcher unmittelbar den Staat, die Gesetzgebung oder seine Organe in Bewegung setzen solle". Hierher seien die sogenannten sozialpolitischen Angelegenheiten wenigstens dann unbedenklich zu rechnen, „wenn auch bei ihnen ein unmittelbarer Einfluß auf die staatlichen Behörden oder die staatliche Gesetzgebung bezweckt werde".

(Urteil des Oberlandesg. Braunschweig v. 11. 2. 1909 in der Zeitschrift für Rechtspflege im Herzogtum Braunschweig 1909 S. 119, 120, auch mitgeteilt in der Deutschen Juristen-Zeitung 1909 Sp. 1272). Begründ. des Entwurfs S. 4, 5.

An dieser Rechtsprechung will, wie bereits bemerkt (S. 29), das neue Gesetz ebensowenig rühren, wie an der

Begriffsbestimmung des „politischen Vereins" und der „politischen Versammlung" in §§ 3 und 5 des Vereinsgesetzes; die Rechtsprechung bleibt vielmehr in Kraft.

„Angelegenheiten der Sozial- und Wirtschaftspolitik."

Über die Begriffe „Angelegenheiten der Sozialpolitik und Wirtschaftspolitik", von deren richtiger Auffassung eine dem Willen des Gesetzgebers entsprechende Anwendung der neuen Bestimmung und damit der ganze Erfolg des Gesetzes in erster Linie abhängig sein werden, sind bei der Beratung des Gesetzes ganz besonders eingehende Erörterungen gepflogen worden. Zu verkennen ist zunächst nicht, daß die Begriffsbestimmung nicht einfach ist. Eine scharfe Scheidung der sozialpolitischen und wirtschaftspolitischen Angelegenheiten von den sogen. reinpolitischen wird oft nicht ganz leicht sein. Vielfach sind die Grenzen flüssig und gehen ineinander über.

In der Begründung des Entwurfes wird zu diesem Punkte folgendes ausgeführt (S. 12):

„Als Angelegenheiten der Sozialpolitik werden zunächst Fragen des Koalitionsrechtes anzusehen sein. Dahin gehört alles, was sich auf Verabredungen oder Vereinigungen zum Behufe der Erlangung oder Erhaltung günstiger Lohn- oder Arbeitsbedingungen bezieht. Keine Geltung dürfen hierbei die Grenzen haben, die im § 152 der Gewerbeordnung in der Rechtsprechung durch die Auslegung gezogen werden, daß diese Bestimmung nur Verabredungen und Vereinigungen der Arbeitgeber oder Arbeitnehmer zur Einwirkung auf die Lohn- und Arbeitsbedingungen in bestimmten Arbeitsverhältnissen, in bestimmten Gewerbezweigen oder in bestimmten Orten betreffe.

Weiter sind als Angelegenheiten der Sozialpolitik anzusehen die öffentlich-rechtliche wie die privatrechtliche Stellung der Berufsvereine, das Einigungswesen, das Tarifvertragswesen, Fragen der Lohnregelung, Angelegenheiten des Arbeiterschutzes und der Arbeiterversicherung, des Kinderschutzes, der Heim- und Hausarbeit, der Volksernährung und der Volksgesundheit, des Wohnungswesens, der Volksbildung, sodann Fragen, die sich auf die Gewerbegerichte und die Kaufmannsgerichte, auf die Gewerbeaufsicht und ähnliche Einrichtungen beziehen."

Zu der hier erwähnten „Arbeiterversicherung" machte der

Abgeordnete Legien bei der ersten Beratung des Entwurfes im Reichstag folgende Ausführungen (Sten.Ber. S. 1018 B):

„Es ist, z. B. soweit die Arbeiterversicherung als sozialpolitisches Arbeitsgebiet für die gewerkschaftlichen und Berufsorganisationen in Frage kommt, nur von der Arbeiterversicherung die Rede, nicht aber von der Angestelltenversicherung. Nun ist es ja unmöglich, in der Begründung des Entwurfs alle Arbeitsgebiete einzeln aufzuzählen. Es muß als selbstverständlich gelten, daß die Berufsorganisationen der Angestellten in demselben Sinne und in demselben Umfange, wie die gewerkschaftlichen Arbeiterorganisationen auf die Arbeiterversicherung, ihrerseits auf die Angestelltenversicherung einwirken können. Es handelt sich hier eigentlich um die Feststellung einer Selbstverständlichkeit."

Des weiteren führte Abgeordneter Legien noch aus:

„Dann ist in der Begründung nicht angeführt, daß die Organisationen, die die Wahlen zu den Vertretungen der Versicherungsorganisationen zu organisieren und zu leiten haben, nicht als politische Vereine angesehen werden dürfen. Bisher wurde eine solche Betätigung nicht als eine politische angesehen. Immerhin wäre es wünschenswert, das ausdrücklich zu betonen und durch eine kurze Erklärung festzulegen."

Eine ausdrückliche Erklärung ist zwar seitens eines Vertreters der verbündeten Regierungen auf diese Ausführungen nicht abgegeben worden, und zwar wohl um deswillen nicht, weil sie ohne weiteres für zutreffend erachtet wurden. Jedenfalls kann an ihrer Richtigkeit nicht gezweifelt werden.

In einer Entscheidung des Preuß. Kammergerichts (in Johow, Jahrbuch für Entscheidungen des Kammergerichts Bd. 8 S. 215) werden zur Sozialpolitik gerechnet die Einführung eines Maximalarbeitstags, die Regelung der Arbeitszeit überhaupt, angemessener Minimallohn, die größtmögliche Beschränkung der Sonntagsarbeit und der Überstundenarbeit. Das Reichsgericht bezeichnet in der schon erwähnten Entscheidung Bd. 16 S. 385 die Gesetzgebung über die Kranken-, Unfall- und Invalidenversicherung als sozialpolitisch und stellt ihr insofern Arbeiterschutz, Normalarbeitstag usw. an die Seite. Begründ. des Entwurfes S. 4.

„Aus dem Gebiete der Wirtschaftspolitik", so heißt es in der Begründung weiter, „können hier in Betracht kommen Fragen der Lebensmittelversorgung, der Preisbildung, Zölle, Steuern usw.

Daß die eine oder die andere Angelegenheit, je nach dem Gesichtspunkt, unter dem sie behandelt wird, bald mehr zur Sozialpolitik, bald mehr zur Wirtschaftspolitik zu rechnen sein wird, ist bei der Fassung der Vorlage für die damit bezweckte Wirkung bedeutungslos.

Auch Angelegenheiten, die nicht ihrer Natur nach und nicht unter allen Umständen sozial- und wirtschaftspolitisch sind, haben als solche für das Gebiet des Entwurfes zu gelten, sofern sie eine sozial- oder wirtschaftspolitische Bedeutung haben können und im Einzelfalle mit Rücksicht auf diese Bedeutung behandelt werden. Dies gilt z. B. von Bestimmungen des bürgerlichen Rechts über den Arbeits- oder Dienstvertrag, über das Zurückbehaltungsrecht, die Aufrechnung und die Pfändung bei Lohn- oder Gehaltsansprüchen. Es gilt ebenso von Vorschriften des allgemeinen Strafrechts über Nötigung, Bedrohung, Erpressung usw., die, soweit ihre Anwendbarkeit bei Streik, Aussperrung, Boykott und anderen wirtschaftlichen Kampfmitteln in Frage steht, sich eng mit dem Koalitionsrechte berühren und somit auch zur Sozialpolitik gehören. In ähnlicher Weise können unter besonderen Gesichtspunkten Fragen wie die der Frauenrechte, der Zuständigkeit von Gewerbe- und Kaufmannsgerichten, der Schaffung neuer Sondergerichte oder anderer Behörden und dergleichen mehr als Angelegenheiten der Sozialpolitik anzusehen sein."

Den Ausführungen in der Begründung fügte der Vertreter der verbündeten Regierungen bei der ersten Beratung des Entwurfes im Reichstag noch zu (Sten.Ber. S. 1014 B): „Man hat die Besorgnis ausgesprochen, daß die Abgrenzung des Begriffes „Wirtschafts- und Sozialpolitik" unbestimmt und nicht genügend sei. Ich kann mich darauf berufen, daß einer der diesem hohen Hause angehörenden Gewerkschaftsführer, der Herr Abgeordnete Legien, kein Bedenken nach dieser Richtung geäußert hat, sondern daß er ausgesprochen hat, er glaube, daß diese Abgrenzung weit genug ist. Ich möchte hierbei besonders hervorheben, daß es die Absicht der verbündeten Regierungen gewesen ist, indem sie in der Begründung eine Fülle von einzelnen Materien aufgezählt hatten, damit eine verbindliche Norm für die Rechtsprechung und Verwaltung zu schaffen, eine Norm, an die Rechtsprechung und Verwaltung künftig gebunden sein werden, wenn sie zu prüfen haben, ob eine Gewerkschaft als politischer Verein angesehen werden solle oder nicht. Über diesen weitgespannten Rahmen hinauszugehen, hat keine Gewerkschaft zur Erfüllung ihres Vereinszweckes nötig. Wenn sie darüber hinausgehen will, wenn sie sich mit allgemeinen politischen Fragen, z. B. Wahlrechtsfragen, beschäftigt, dann muß sie auch die Konsequenzen tragen, als ein politischer Verein angesehen zu werden, und muß es mit dem Verlust ihrer jugendlichen Mitglieder büßen."

Gegenüber diesen Darlegungen in der Begründung des Entwurfes und seitens des Vertreters der verbündeten Regierungen wurde jedoch trotzdem auf die große Schwierigkeit der Abgrenzung der in Betracht kommenden Begriffe hingewiesen. „Die neuesten Begriffe: Gegenstände der Wirtschafts- und Sozialpolitik", so führte der Abgeordnete Dr. Müller-Meiningen bei der ersten Beratung des Entwurfes aus (Sten.Ber. S. 1019 B, C), „im Gegensatz zu denen der sogenannten reinen Politik sind sehr schwierig. Aber, meine Herren, trotzdem — wir müssen hier all den Schwierigkeiten bei der Auslegung eines derartigen einschneidenden Gesetzes gerade nach den Erfahrungen, die wir im Jahre 1907 und 1908 gemacht haben, und nach den wilden Kämpfen, die wir zehn Jahre darüber hier durchgemacht haben, ganz klar ins Auge sehen und ihnen, wenn möglich, abzuhelfen suchen. Sonst kommt der moralische Katzenjammer danach. Gerade die Schwierigkeiten der Scheidung der reinen Politik und der Probleme der wirtschaftlichen und sozialen Politik sind außerordentlich groß. Jedes Problem der sozialen Politik und der Wirtschaftspolitik kann zu einem „rein politischen" werden, insbesondere auch auf dem Gebiete des Vereinsgesetzes selbst. Nehmen wir zum Beispiel den Sprachenparagraphen an. Durch das parteipolitische Mittelglied der Taktik wird jedes dieser sozialpolitischen Probleme, insbesondere auch der Sprachenparagraph, zu einem rein politischen gemacht werden können. Ich will dies an einem Beispiel zeigen. Herr Kollege Legien hat mit vollem Recht im „Vorwärts" ausgesprochen, daß andere Probleme, insbesondere der Sprachenparagraph und der Jugendlichenparagraph, diese Vorlage, deren Zustandekommen wir dringend wünschen, nicht gefährden dürfen. Wenn ein Berufsverein die Stellungnahme des Herrn Kollegen Legien zum Sprachenparagraphen erörtert, so ist das keine Frage der Sozialpolitik, sondern eine Frage der Parteipolitik, d. h. der reinen Politik. Schon dieses eine Beispiel zeigt, wie schwer die Scheidung zwischen Sozialpolitik und Wirtschaftspolitik auf der einen und zwischen reiner und hoher Politik auf der anderen Seite ist." Der Abgeordnete Dr. Oertel, ein Gegner des Entwurfes, bezeichnete die Grenze zwischen wirtschafts- und sozialpolitischen Fragen einerseits und reinpolitischen Fragen andererseits als „so flüssig, daß selbst die längste Begründung sie nicht feststellen könnte". „Nun frage ich Sie", so erklärte er, „welche Fragen der Wirtschafts- und Sozialpolitik können nunmehr die Gewerkschaften, um mich kurz auszudrücken, nicht mehr behandeln? Was ist nun Wirtschafts- und Sozialpolitik? Die Begründung führt uns eine ganze Menge einzelner Beispiele von sozialpolitischen und wirtschaftspolitischen Fragen auf, eine ganze Reihe: Steuerfragen, Zollfragen, Fragen der Handelspolitik, Fragen der Handelsverträge, die Arbeitstagsfragen, die Frauenrechte usw. usw. Ja, es sollen nicht bloß die wirklichen sozialpolitischen und wirtschaftspolitischen Fragen erörtert werden dürfen, sondern auch solche, welche, ohne wirtschaftspolitische oder sozialpolitische Fragen im eigentlichen Sinne zu sein, doch wirtschaftspolitische oder sozialpolitische Bedeutung haben können. Die Grenze ist noch ein bischen weiter gezogen. Was kann denn nicht alles wirtschaftspolitische und sozialpolitische Bedeutung gewinnen! Da kommen wir in die reine Politik hinein. Ich möchte einen Preis darauf aussetzen, welche Fragen der reinen Politik nun nicht behandelt werden können." (Sten.Ber. S. 1035 C, D.) Und der Abgeordnete Büchner meinte, es sei „überhaupt unmöglich, eine klare Unterscheidung zwischen dem sozialen und wirtschaftspolitischen Gebiet und der reinen Politik zu machen". Die Ausführungen in der Begründung nannte er „Kautschukbestimmungen, aus denen man alles mögliche herauslesen könne". (Sten.Ber. S. 1064 C, D.)

Auch bei der Kommissionsberatung wurde von verschiedenen Seiten die Schwierigkeit der Unterscheidung zwischen reinpolitischen Fragen einerseits, sozial- und wirtschaftspolitischen andererseits hervorgehoben. Unter die letzteren Begriffe fielen alle Angelegenheiten, welche sozialpolitisch oder wirtschaftspolitisch von einiger Bedeutung sein könnten. Das seien aber schließlich alle politischen Angelegenheiten. Jede wirtschaftspolitische oder sozialpolitische Erörterung greife nach irgendeiner Seite auf das reinpolitische Gebiet über. Die Definition auf Seite 13 in der Begründung der Vorlage (s. S. 72 und 73) sei rein negativ und nicht erschöpfend, da es eine positive Definition der Begriffe überhaupt nicht gebe. Auch Fragen der äußeren Politik, insbesondere der Handels- und Zollpolitik fielen unter die Wirtschafts- und Sozialpolitik. Hierher könne man, so führte ein anderes Mitglied aus, je nach den Wünschen und den Stimmungen der ausführenden Personen alles oder nichts einreihen. Derjenige, welcher auf Grund der Ausführungen auf Seite 13 der Motive die Begriffe abzirkeln könne, müsse „dekoriert" werden. Die strenge Scheidung sei wohl unmöglich. Es sei überhaupt nicht möglich, eine Fassung zu finden, die jedem denkbaren Mißbrauch seitens der Gerichte und der Polizeibehörden einen Riegel vorschieben könne. Dieser Redner verwies auch darauf, daß die Motive nicht alle Fragen der auswärtigen Politik, der Verfassungen des Reichs und der Bundesstaaten, sowie die Wahlrechtsbestimmungen als Fragen der reinen Politik bezeichnen, sondern nur beispielsweise „Fragen" der auswärtigen Politik usw. Man sei sich zweifellos wohl bewußt gewesen, daß auch die Fragen der auswärtigen Politik, z. B. der Vertretungen der deutschen Politik im Auslande, Fragen der Verfassung, wie die Ordnung der allgemeinen Wehrpflicht, die Frage der Familienunterstützung der Kriegsteilnehmer usw. für die Arbeiter von größter sozialpolitischer und wirtschaftspolitischer Bedeutung seien. Auch Wahlrechtsfragen, wie z. B. die Frage des Frauenstimmrechts, hätten natürlich große sozialpolitische Bedeutung. Nach alledem seien die Gerichte und die Verwaltungsbehörden mit dieser neuen Fassung nicht viel besser dran wie bisher, wenn nicht der gute Wille bei den anmeldenden Behörden vorherrsche, die Fassung auch im Sinne des Willens der beiden gesetzgebenden Faktoren auszulegen und anzuwenden. Kom.Ber. S. 5.

Diesen Darlegungen trat wiederum ein Vertreter der verbündeten Regierungen in der Kommission folgendermaßen entgegen (Kom.Ber. S. 7, 8):

„Die Abgrenzung der sozialpolitischen und der wirtschaftspolitischen Angelegenheiten von denen der sonstigen Politik halte er nicht für so schwierig, wie es nach verschiedenen Äußerungen in der ersten Lesung der Vollversammlung und im Ausschusse, namentlich nach den eingehenden Darlegungen eines der Vorredner zu dieser Frage den Anschein haben könne. Praktisch werde diese Scheidung beispielsweise fortgesetzt und ohne nennenswerte Schwierigkeiten im Reichsamt des Innern bei der Verteilung der Eingänge auf die politische, die sozialpolitische und die wirtschaftspolitische Abteilung des Amtes sowie im Reichstage bei den Beratungen über den Etat des Reichsamtes des Innern durchgeführt. Es handle sich doch um große Gebiete, die auch sonst als verschiedene betrachtet würden, und deren Bedeutung und Inhalt im allgemeinen zweifelsfrei feststehe. Ganz besonders werde, wie auch mehrfache Presseäußerungen — so eine des Herrn Abgeordneten Legien — bestätigt hätten, ein erfahrener Gewerkschaftsführer in der Regel nicht darüber im Zweifel sein, was eine Gewerkschaft nach der Vorlage in den Kreis ihrer politischen Betätigung ziehen dürfe, ohne den Vorschriften des Vereinsgesetzes über die politischen Vereine unterworfen zu sein. Der Begriff „sozialpolitisch" sei übrigens bereits durch das Bürgerliche Gesetzbuch (§ 61 Abs. 2) in die Gesetzessprache eingeführt. Gewiß werde es eine Anzahl von Fällen geben, in denen die Entscheidung, ob eine Angelegenheit zur Sozialpolitik, zur Wirtschaftspolitik oder zur reinen Politik zu rechnen sei, nicht leicht sein werde und vielleicht nicht in völlig überzeugender Weise getroffen werden könne. Es werde sich aber hierbei voraussichtlich nur um einen eng gezogenen Kreis von Grenzfällen handeln, wie sie mehr oder weniger auf allen Gebieten der Gesetzgebung vorkämen. Um Streitigkeiten möglichst vorzubeugen und zugleich der Rechtsprechung in tunlichst weitem Umfange Fingerzeige über den Willen des Gesetzgebers zu geben, führe die Begründung des Entwurfes eine beträchtliche Anzahl wichtiger Einzelfragen an, die stets zur Sozialpolitik oder Wirtschaftspolitik zu rechnen seien, und hebe weiter einige andere Angelegenheiten hervor mit dem Hinweis darauf, daß diese und andere Fragen im Sinne des Entwurfes sehr wohl nach Lage des Falles als zur Sozialpolitik oder zur Wirtschaftspolitik gehörig zu betrachten sein könnten, wenngleich sie nicht ihrer Natur nach und nicht unter allen Umständen in eines dieser Gebiete gehörten. Selbstverständlich hätten alle diese Anführungen nur die Bedeutung von Beispielen, und es solle nicht etwa ein vollständiges Verzeichnis der für die Einreihung unter die Begriffe „Sozialpolitik" oder „Wirtschaftspolitik" in Betracht kommenden Angelegenheiten damit gegeben werden. Durch diese Beispiele werde aber doch die Absicht des Gesetzgebers hinreichend klargestellt. So ist es zweifellos, daß nach der Vorlage eine Gewerkschaft als ein politischer Verein zu betrachten sein würde, wenn sie sich mit einer Agitation zum Zwecke der Einführung des Reichstagswahlrechtes für die Wahlen zum Preußischen Abgeordnetenhause befassen würde. Auch die Einführung des aktiven und passiven Wahlrechtes der Frauen zu den Parlamenten würde als eine rein politische Angelegenheit zu gelten haben.

Dagegen werde z. B. die Frage, ob in der untersten Instanz der Arbeiterversicherung Frauen mitwirken sollten, als eine sozialpolitische anzusehen sein. Man werde ja auch eine Gewerkschaft nicht gleich, wenn sie einmal die von der Vorlage gezogenen Grenzen überschreite, als einen politischen Verein behandeln, sondern dazu erst schreiten, wenn eine Gewerkschaft durch wiederholtes Hinausgehen über den Rahmen, den die Vorlage vorzeichne und der den Bedürfnissen der Gewerkschaften nach deren eigenem Zeugnis durchaus genüge, die Absicht zu erkennen gebe, sich mit eigentlicher Politik zu befassen. Für die Praxis seien also keine besonderen Schwierigkeiten zu befürchten und um so weniger, wenn, wie die Reichsleitung sich angelegen sein lassen werde, die Bundesregierungen entsprechend verständigt und zugleich ersucht würden, die Polizeibehörden demgemäß anzuweisen."

Die Frage, ob eine Angelegenheit als reinpolitische anzusehen ist oder als sozial- oder wirtschaftspolitische, deren Erörterung in den Gewerkschaften und gleichartigen Berufsvereinen sowie deren Versammlungen von den für politische Vereine und ihre Versammlungen geltenden besonderen Vorschriften des Vereinsgesetzes befreit sein soll, wird natürlich schließlich immer Tatfrage bleiben, und im Einzelfalle wird die Unterscheidung auch künftighin noch Schwierigkeiten bieten können. Im allgemeinen aber bilden jene Ausführungen in der Begründung in Verbindung mit den Erklärungen und Zusicherungen der verbündeten Regierungen unbestreitbar der Rechtsprechung wie der Verwaltungspraxis eine ausreichende Grundlage für die richtige Anwendung des Gesetzes.

„Einwirken".

„Der Begriff „einwirken", so heißt es in der Begründung des Entwurfes S. 14, „ist ebenso auszulegen wie in der Begriffsbestimmung des § 3 Abs. 1 des Reichsvereinsgesetzes der Begriff „Einwirkung."

„Einwirken" auf eine Angelegenheit der Sozial- oder Wirtschaftspolitik heißt: Einfluß auf ihre Gestaltung ausüben wollen, verursachen, veranlassen wollen, daß in einer sozial- oder wirtschaftspolitischen Angelegenheit etwas geschieht oder unterbleibt. Eine Erörterung oder Beratung der Angelegenheit wird für den Begriff der Einwirkung nicht gefordert. Auf das Mittel der Einwirkung kommt es nicht an; ebenso nicht darauf, ob eine unmittelbare oder mittelbare Einwirkung beabsichtigt ist. Die Einwirkung kann sowohl mündlich (durch Reden) wie schriftlich, insbesondere auch durch Verbreitung von Druckschriften erfolgen. (Entnommen dem Kommentar zum Vereinsgesetz von Romen, Berlin 1916, 4. Auflage, Verlag von J. Guttentag, GmbH.)

Bezüglich der Art der Einwirkung wird in der Begründung ausgeführt (S. 14): „Es ist innerhalb des durch das Gesetz vorgezeichneten Rahmens jede nicht anderweit verbotene Art der Einwirkung auf die fraglichen Angelegenheiten gestattet. Sie kann insbesondere durch Inanspruchnahme der Gesetzgebung und Verwaltung, der Organe des Staates und der von ihm anerkannten Körperschaften, namentlich der Dorf- und Stadtgemeinden, sowie auch durch Einwirkung auf politische Parteien geschehen.

Hierzu bemerkte der Abgeordnete Dr. Müller (Meiningen) bei der ersten Beratung des Entwurfs im Reichstag (Sten.Ber. S. 1019 D, 1020 A): „Zwei wichtige Grundsätze sind in den Motiven niedergelegt, die hier scharf unterstrichen werden müssen. Der eine Grundsatz, daß die Grenzen des § 152 (der Gewerbeordnung) für die Vorlage nicht gelten, daß sie zu eng sind. Der zweite Grundsatz ist, daß diese Vereine die Interessen der ganzen Arbeiterschaft behandeln dürfen, daß ihnen die Erörterung über gesetzgeberische Maßnahmen und die Einwirkung auf deren Gestaltung in vollem Rahmen zukommt. Das war bis jetzt der strittige Punkt, und es ist ein großer Vorteil dieser Vorlage und vor allem der Motive, daß dieses Recht der Gewerkschaften unter allen Umständen klargestellt ist."

In der Kommissionsberatung wurde dann zu diesem Punkte noch folgendes ausgeführt (Kom Ber. S 6): „Das Gesetz gestatte ausdrücklich auch die mittelbare Einwirkung der Gewerkschaften auf die mit ihren Zwecken in mittelbarer Verbindung stehenden Gegenstände, also auch die Einwirkung durch das Mittel der politischen Parteien. Man könne nach dem Gesetz nicht mehr wie bisher die Gewerkschaften für politisch erklären, weil sie sich mit Arbeiterschutzvorschriften und deren Überwachung, mit Kinderschutz usw. beschäftigten und darüber Anträge und Petitionen an staatliche Organe richteten. In einem Falle sei ein Verein für politisch erklärt worden, weil er die Praxis der Behörden, die ihn als politisch behandeln wollten, kritisiert und bekämpft hatte. Auch dies wäre nach dem Gesetzentwurf für Gewerkschaften nicht mehr möglich, denn die Frage der Rechtsstellung der Gewerkschaften stehe mit ihren Zwecken in Verbindung." Und an einer anderen Stelle wurde von einem Mitgliede der Kommission nochmals betont (Kom.Ber. S. 12): „Man müsse vor allem unterstreichen, daß durch die Vorlage auch das Recht der Gewerkschaften außer Zweifel gesetzt sei, Erörterungen über gesetzgeberische Maßnahmen zu pflegen und eine Einwirkung auf deren Gestaltung zu erreichen."

Diesen Ausführungen wurde von keiner Seite widersprochen.

Was hier von Gewerkschaften gesagt ist, gilt natürlich in gleicher Weise und im selben Umfange für alle übrigen vom Gesetze betroffenen „Vereine von Arbeitgebern und Arbeitnehmern zum Behufe der Erlangung günstiger Lohn- und Arbeitsbedingungen". Allen diesen Vereinen soll die Vergünstigung, die das neue Gesetz gewährt, in gleichem Maße zugute kommen.

„Bezwecken."

Auch das Wort „bezwecken" hat hier, ebenso wie der Begriff „einwirken", dieselbe Bedeutung wie in § 3 Abs. 1 des Vereinsgesetzes. Zu dem Begriffe ist folgendes zu bemerken:

„Bezwecken" ist gleichbedeutend mit „beabsichtigen". Entscheid. des Reichsgerichts in Strafsachen Bd. 22 S. 339, Bd. 44 S. 426. Eine Handlung bezweckt etwas, wenn sie der Absicht des Handelnden gemäß vorgenommen ist. Ein Verein, welcher absichtlich und bewußt in seinen Versammlungen auch politische Angelegenheiten erörtert, ist demnach ein Verein, welcher auf politische Angelegenheiten einzuwirken bezweckt.

Daß der Verein ausschließlich auf die politischen, sozial- oder wirtschaftspolitischen Angelegenheiten einzuwirken bezwecke, ist nicht erforderlich. Gleichgiltig ist es, ob die Einwirkung auf diese Angelegenheiten einziger, Haupt- oder Nebenzweck des Vereins ist. Es genügt, daß der Verein eine Einwirkung auf politische, sozial- oder wirtschaftspolitische Angelegenheiten unter seine Zwecke mitaufgenommen hat und sie tatsächlich, wenn auch neben anderen in erster Reihe verfolgten Zielen, betreibt. Urteil des Preuß. Oberverwaltungsgerichts vom 3. 1. 1896 (Entsch. Bd. 29 S. 425) und vom 2. 3. 1909 (Preuß. Verwaltungs-Blatt Bd. 22 S. 44). Daß die Einwirkung tatsächlich erfolgt sei, ist nicht notwendig; es genügt, wenn der Verein als solcher sie bezweckt. Entscheid. des Reichsgerichts Bd. 44 S. 426. Eine einmalige, gelegentliche Einwirkung genügt an sich nicht zur Annahme, daß der Verein eine Einwirkung „bezwecke". Urteil des Oberlandesgerichts Braunschweig vom 9. 11. 1911 in der Deutschen Juristen-Zeitung 1912 Sp. 288. Es kann aber trotzdem unter Umständen schon aus einer tatsächlichen Einwirkung in einzelnen Fällen geschlossen werden, daß der Verein eine Einwirkung bezweckt. In dieser Beziehung hat sinngemäß zu gelten, was der Staatssekretär des Innern in der Kommission zur Vorberatung des Entwurfes des Vereinsgesetzes ausführte (Drucksachen des Reichstages, 12. Legislatur-Periode, I. Session 1907/08 Nr. 819 S. 42): Die bloße tatsächliche Einwirkung auf einzelne öffentliche Angelegenheiten genüge keineswegs, um den betreffenden Verein dem § 3 zu unterstellen (d. h. zu einem „politischen" Verein zu machen). Erfordernis sei, daß der Verein die Einwirkung „bezwecke". Ob eine einmalige Beschäftigung mit öffentlichen Angelegenheiten den Übergang zu einer hierauf gerichteten Zweckbestimmung bilde, sei eine Tatfrage.

Werden politische Angelegenheiten gelegentlich in einem Vereine besprochen, so wird damit der Verein noch nicht zu einem politischen, vielmehr ist dies erst dann der Fall, wenn eine solche Erörterung und die damit etwa verbundene Einwirkung auf politische Angelegenheiten von vornherein Zweck des Vereins, wenn auch nur Nebenzweck gewesen ist. Urteil des Oberlandesgerichts Marienwerder vom 19. 9. 1908 in der Deutschen Juristen-Zeitung 1909 Sp. 384. Vgl. auch S. 78.

Für die Frage, ob der Verein eine Einwirkung auf politische Angelegenheiten bezweckt, ist der Inhalt der Satzung keineswegs allein maßgebend. Es ist denkbar, daß ein Verein tatsächlich und dauernd in einer Richtung arbeitet, die seinen Satzungszwecken durchaus widerspricht. „Ob die Verfolgung des Zweckes der Einwirkung auf einem besonderen Vereinsbeschlusse beruht und in der Satzung zum Ausdruck gebracht ist, erscheint um deswillen unwesentlich, weil es lediglich auf die tatsächlichen Verhältnisse und die danach vom Verein in Wirklichkeit geübte Tätigkeit und die von ihm verfolgten Ziele ankommt." Entscheid. des Reichsgerichts Bd. 44 S. 427; Entscheid. des Preuß. Oberverwaltungsgerichts Bd. 44 S. 442, Bd. 63 S. 297, Deutsche Juristen-Zeitung 1909 Sp. 1270. (Entnommen dem Kommentar zum Vereinsgesetz von Romen, 4. Auflage, Berlin 1916, Verlag von J. Guttentag GmbH.)

In Übereinstimmung mit den hier dargelegten Grundsätzen wird in der Begründung des Entwurfes ausgeführt (S. 5): „Das Wort „bezwecken" wird in der herrschenden Rechtsprechung als gleichbedeutend mit „beabsichtigen" aufgefaßt. Ein Verein „bezweckt" also eine Einwirkung auf politische Angelegenheiten, wenn sie seiner Absicht entspricht. Nicht notwendig ist es, daß die Einwirkung tatsächlich erfolgt ist, es genügt, wenn der Verein als solcher sie bezweckte, d. h. beabsichtigte. Andererseits kann aus der tatsächlichen Einwirkung die Absichtlichkeit und damit das „Bezwecken" gefolgert werden. Dieser Auslegung entspricht es auch, daß für die Frage, ob ein Verein eine Einwirkung auf politische Angelegenheiten bezweckt, der Inhalt der Vereinssatzung nicht ausschließlich als maßgebend angesehen wird. Es wird vielmehr wesentlich auch auf das tatsächliche Verhalten und Wirken des Vereins, seiner Organe und Mitglieder, auf das sogenannte „Vereinsleben" Gewicht gelegt. Gleichgültig ist ferner, ob die Einwirkung auf politische Angelegenheiten einziger Zweck, Haupt- oder Nebenzweck des Vereins ist. Eine bloß gelegentliche Einwirkung genügt aber regelmäßig nicht, sie als „bezweckt" erscheinen zu lassen, insbesondere dann nicht, wenn sie eine nur für den einzelnen Fall gewollte ist."

Zu diesem Satze sei nochmals besonders auf die bereits (S. 78) angeführte Erklärung des Vertreters der verbündeten Regierungen bei der Kommissionsberatung hingewiesen, die gewissermaßen als Ausführungsanweisung und Richtschnur für die beteiligten Verwaltungsbehörden und deren Organe gedacht ist: Man werde eine Gewerkschaft nicht gleich, wenn sie einmal die von der Vorlage gezogenen Grenzen überschreite, als einen politischen Verein behandeln, sondern dazu erst schreiten, wenn eine Gewerkschaft durch wiederholtes Hinausgehen über den Rahmen, den die Vorlage vorzeichne und der den Bedürfnissen der Gewerkschaften nach deren eigenem Zeugnis durchaus genüge, die Absicht zu erkennen gebe, sich mit eigentlicher Politik zu befassen.

„Im Zusammenhange stehen."

Das Gesetz hat den von ihm bezeichneten Vereinen die Einwirkung auf Angelegenheiten der Sozial- und Wirtschaftspolitik nicht uneingeschränkt und allgemein freigegeben. Keineswegs geht das Gesetz so weit, „Angelegenheiten der Sozial- oder Wirtschaftspolitik" allgemein und uneingeschränkt für nicht politische Angelegenheiten zu erklären. Wie bereits bemerkt (S. 29, 70), will das neue Gesetz ebensowenig an der Begriffsbestimmung des „politischen Vereins" und der „politischen Versammlung" in §§ 3 und 5 des Vereinsgesetzes rühren, wie an der Rechtsprechung über den Begriff „politische Angelegenheit". Diese Rechtsprechung bleibt vielmehr auch weiterhin in Kraft. Die Befreiung von den Vorschriften der §§ 3, 17 über politische Vereine und deren Versammlungen wird den genannten Vereinen vom neuen Gesetze nur insoweit und so lange gewährt, als sie sich darauf beschränken, auf solche sozial- oder wirtschaftspolitische Angelegenheiten einzuwirken, die mit den eigentlichen Aufgaben des Vereins — Erlangung oder Erhaltung günstiger Lohn- oder Arbeitsbedingungen, Wahrung oder Förderung wirtschaftlicher oder gewerblicher Zwecke zugunsten ihrer Mitglieder oder allgemeinen beruflichen Fragen — „im Zusammenhange stehen".

Hierzu wird in der Begründung des Entwurfes ausgeführt (S. 13): Die Zwecke oder Aufgaben des Vereines, mit denen die freizugebenden sozial- oder wirtschaftspolitischen Angelegenheiten im Zusammenhange stehen müssen, sind zunächst wieder die Erlangung oder Erhaltung günstiger Lohn- oder Arbeitsbedingungen zugunsten ihrer Mitglieder. Es soll aber weiter auch genügen, wenn bei einem Vereine, der diesen Zweck verfolgt, ein Zusammenhang nur mit anderen Aufgaben, die er als Vereinsangelegenheit betreibt, gegeben ist, sofern es sich bei diesen Aufgaben um die Wahrung oder Förderung wirtschaftlicher oder gewerblicher Ziele zugunsten der Mitglieder des Vereins handelt. Gedacht ist hierbei hauptsächlich an die mannigfaltigen Wirtschafts- und Wohlfahrtseinrichtungen, die die Gewerkschaften und andere Vereine für ihre Mitglieder geschaffen haben und voraussichtlich weiter ins Leben rufen oder ausgestalten werden. Schließlich sieht die Vorlage auch den Zusammenhang mit „allgemeinen beruflichen Fragen" als ausreichend an. Es sind darunter Fragen zu verstehen, die außer den Mitgliedern auch noch andere berühren, also diesen und den Mitgliedern gemeinsam sind. Durch die Hinzufügung dieses Zusatzes soll den Vereinen, auf die sich die Vorschrift erstreckt, die Möglichkeit gegeben werden, sozialpolitische oder wirtschaftspolitische Angelegenheiten auch vom allgemeinen Standpunkte, namentlich unter dem Gesichtspunkte der Interessen der ganzen Arbeiterschaft oder Arbeitgeberschaft zu behandeln, wie dies insbesondere zu einer Erörterung über gesetzgeberische Maßnahmen und einer Einwirkung auf deren Gestaltung erforderlich ist. Zwar kann es zweifelhaft sein, ob nicht diesem Bedürfnisse schon dadurch genügt ist, daß nach der Vorlage der Zusammenhang mit der Wahrung oder Förderung wirtschaftlicher Ziele zugunsten der Mitglieder des Vereins die Berechtigung zur Einwirkung auf sozial- oder wirtschaftspolitische Angelegenheiten gewähren soll. Denn es könnte die Annahme berechtigt erscheinen, daß an allen weitere Kreise der Arbeiterschaft oder selbst die ganze Arbeiterklasse angehenden sozial- oder wirtschaftspolitischen Angelegenheiten auch die Mitglieder eines Arbeitervereins, insbesondere einer Gewerkschaft, ein Interesse haben, wenigstens an denjenigen Angelegenheiten, auf die der Verein einzuwirken sucht, und dasselbe würde entsprechend für Arbeitgebervereine und deren Mitglieder zu gelten haben. Durch den Zusatz soll aber der Möglichkeit vorgebeugt werden, daß die Rechtsprechung bei seinem Fehlen vielleicht nur solche Angelegenheiten zulassen würde, an denen die Mitglieder des Vereins gerade in dieser ihrer Mitgliedeigenschaft beteiligt oder interessiert sind.

In dieser letzteren Beziehung heißt es noch an einer anderen Stelle in der Begründung (S. 12): „Keine Geltung dürfen hierbei die Grenzen haben, die dem § 152 der Gewerbeordnung in der Rechtsprechung durch die Auslegung gezogen werden, daß diese Bestimmung nur Verabredungen und Vereinigungen der Arbeitgeber oder Arbeitnehmer zur Einwirkung auf die Lohn- und Arbeitsbedingungen in bestimmten Arbeitsverhältnissen, in bestimmten Gewerbezweigen oder an bestimmten Orten betreffe." Diese Ausführung wurde bei der ersten Beratung des Entwurfes vom Abgeordneten Dr. Müller (Meiningen) nochmals als „wichtiger Grundsatz scharf unterstrichen" (Sten.Ber. S. 1019 D).

b) Der Zusammenhang im Sinne des Gesetzes braucht kein unmittelbarer zu sein. Andererseits darf es nicht ein ganz entfernter, künstlich konstruierter sein. Es muß, wie bereits in der Reichstagskommission zur Beratung des Initiativgesetzentwurfes vom 20. März 1915 ausgeführt wurde (Drucksache Nr. 133 des Reichstages, 13. Legislatur-Periode, II. Session 1914/15 S. 6), jedenfalls ein „vernünftiger Zusammenhang zwischen dem Zweck des Vereins und dem Gegenstande der Erörterung bestehen". Auch muß der Zusammenhang, wie ebenfalls in jener Reichstagskommission als erforderlich bezeichnet worden ist, nicht nur subjektiv, sondern auch objektiv vorhanden sein. Dieser Auffassung hat sich die Begründung des Entwurfes angeschlossen. Bei der großen Zahl von Angelegenheiten der Sozialpolitik und der Wirtschaftspolitik, die für die hier fraglichen Vereine, insbesondere die Gewerkschaften und ähnlichen Organisationen, wie die oben (S. 71 ff.) angeführten Beispiele von Wichtigkeit sind, und den zahlreichen Berührungspunkten, die ihre Aufgaben mit solchen Angelegenheiten haben, bleibt das nach dem Gesetz ihnen zugestandene Gebiet trotzdem beträchtlich. Begr. des Entwurfes S. 13.

Zu betonen bleibt aber, daß nicht jede bei Gelegenheit der Verfolgung der Vereinszwecke in Vereinen und deren Versammlungen geübte politische Tätigkeit, auch wenn die Erörterung mit dem Vereinszwecke nicht in einem sachlichen Zusammenhange steht und gar nicht zur Verfolgung des Vereinszweckes geschieht, die Vergünstigung der neuen Bestimmung genießt. Es muß, wie gesagt, der objektive und subjektive Zusammenhang zwischen der Erörterung politischer Gegenstände und der allgemeinen Zweckverfolgung seitens des Vereines bestehen (Kom.Ber. Drucksache 133 des Reichstages 1914/15 S. 6).

Inwieweit bleiben auch nach dem neuen Gesetz die Vorschriften des Vereinsgesetzes auf Gewerkschaften, Gewerkvereine und ähnliche Vereinigungen anwendbar?

Einer besonderen Erörterung bedarf die Frage, ob durch das neue Gesetz noch andere Vorschriften des Vereinsgesetzes als die §§ 3 und 17 berührt werden.

Es handelt sich bei dem neuen Gesetz, wie dargetan (s. S. 19 ff., 25 ff.), nicht um eine Änderung des Vereinsgesetzes, sondern lediglich um eine Ergänzung. Dem Vereinsgesetze soll zur Sicherung seiner richtigen Anwendung gegen eine unsichere und schwankende Praxis, zur Durchführung des ursprünglichen und wirklichen Willens des Gesetzgebers, durch die neue Vorschrift eine authentische Auslegung gegeben werden; weiter will das neue Gesetz nichts. Diese Auslegung beschränkt sich auf die Vorschriften der §§ 3 und 17: diese sollen nach dem Willen des Gesetzgebers unter bestimmten Voraussetzungen nicht anwendbar sein auf Gewerkschaften, Gewerkvereine und ähnliche Vereine. Im übrigen aber soll auch bezüglich dieser Vereinigungen nichts an dem bestehenden Zustande geändert werden, sie bleiben vielmehr, von jener einzigen Befreiung abgesehen, voll und ganz wie bisher den Bestimmungen des Vereinsgesetzes unterworfen.

Das gilt, um einzelnes hervorzuheben, namentlich auch von der Vorschrift über das Recht zur Auflösung eines Vereins in § 2, von der Vorschrift in § 7 über Nachsuchung der polizeilichen Genehmigung für öffentliche Versammlungen unter freiem Himmel und Aufzüge auf öffentlichen Straßen oder Plätzen; ferner von der Vorschrift des § 11, wonach Niemand in einer öffentlichen Versammlung oder in einem Aufzuge auf öffentlichen Straßen oder Plätzen bewaffnet erscheinen darf; ferner von § 12, wonach in allen öffentlichen Versammlungen jeder Art, ohne Rücksicht auf den Gegenstand der Erörterung (nicht bloß in öffentlichen politischen!) die Verhandlungen in deutscher Sprache zu führen sind; von § 13, wonach Beauftragten, welche die Polizeibehörde in eine öffentliche Versammlung entsendet, ein angemessener Platz eingeräumt werden muß; sodann von den Vorschriften in §§ 14, 15 und 16 über das Auflösungsrecht der Beauftragten der Polizeibehörde, über die Anfechtung der Auflösung einer Versammlung und über die Verpflichtung, sich aus einer öffentlichen Versammlung, die für aufgelöst erklärt ist, sofort zu entfernen.

Darüber, inwieweit § 17 auch nach dem neuen Gesetz auf Gewerkschaften usw. sowie deren Versammlungen noch anwendbar bleibt, s. die Ausführungen S. 50 ff. und S. 54 ff.

Betont sei besonders, daß auf öffentliche Versammlungen von Gewerkschaften und ähnlichen Vereinen, die veranstaltet werden zur Erörterung reinpolitischer oder sozial- oder wirtschaftspolitischer Angelegenheiten, auch die Vorschriften der §§ 5 und 6 über die Verpflichtung zur vorherigen Anzeige bei der Polizeibehörde oder der öffentlichen Bekanntmachung voll anzuwenden sind. Solche öffentliche Versammlungen von Gewerkschaften und ähnlichen Vereinigungen sind, wie dargetan (S. 54), öffentliche politische Versammlungen und als solche allen für öffentliche politische Versammlungen gegebenen Vorschriften des Vereinsgesetzes unterworfen. Und zwar gilt dies auch dann, wenn die zur Erörterung bestimmten sozial- oder wirtschaftspolitischen Angelegenheiten „mit der Erlangung oder Erhaltung günstiger Lohn- oder Arbeitsbedingungen oder mit der Wahrung oder Förderung wirtschaftlicher oder gewerblicher Zwecke zugunsten ihrer Mitglieder oder mit allgemeinen beruflichen Fragen im Zusammenhange stehen". Die sozial- oder wirtschaftspolitischen Angelegenheiten bleiben auch bei einem solchen Zusammenhange das, was sie an sich sind: politische Angelegenheiten. S. S. 54. Beigefügt sei noch, daß die Ausnahmevorschrift in Absatz 3 des § 6, wonach es für bestimmte öffentliche Versammlungen der Gewerbetreibenden, gewerblichen Gehilfen, Gesellen, Fabrikarbeiter usw. der vorherigen Anzeige bei der Polizeibehörde oder der die Anzeige ersetzenden öffentlichen Bekanntmachung nicht bedarf, öffentlichen Versammlungen von Gewerkschaften usw., die zur Erörterung reinpolitischer oder sozial- oder wirtschaftspolitischer Angelegenheiten veranstaltet werden, nicht zugute kommt. Diese Ausnahmevorschrift in Absatz 3 bezieht sich nur auf Versammlungen der Gewerbetreibenden usw. „zur Erörterung von Verabredungen und Vereinigungen zum Behufe der Erlangung günstiger Lohn- und Arbeitsbedingungen, insbesondere mittels Einstellung der Arbeit oder Entlassung der ‚Arbeiter". Erörterung politischer Angelegenheiten — seien es reinpolitische oder sozial- oder wirtschaftspolitische — ist etwas anderes, etwas viel weitergehendes und umfassenderes als bloße Erörterung „von Verabredungen und Vereinigungen zum Behufe der Erlangung günstiger Lohn- und Arbeitsbedingungen". Daran wird auch nichts geändert, wenn die sozial- oder wirtschaftspolitischen Angelegenheiten mit der „Erlangung günstiger Lohn- und Arbeitsbedingungen usw. im Zusammenhange stehen". S. auch S. 54. Für solche öffentliche Versammlungen von Arbeitgebern und Arbeitnehmern, die sich innerhalb der in Abs. 3 gezogenen Grenzen halten, also sich beschränken auf „Erörterung von Verabredungen und Vereinigungen zum Behufe der Erlangung günstiger Lohn- und Arbeitsbedingungen, insbesondere mittels Einstellung der Arbeit oder Entlassung der Arbeiter", bleibt die Befreiung von der Anzeigepflicht und der die Anzeige ersetzenden öffentlichen Bekanntmachung bestehen. Daraus, daß die in Abs. 3 bezeichneten Gegenstände — dieselben, wie die in § 152 der Gewerbeordnung bezeichneten — keine politischen Angelegenheiten sind (s. S. 23, 62), ergibt sich von selbst, daß Versammlungen, die sich nur mit diesen Angelegenheiten befassen und nicht darüber hinausgehen, auch keine politischen Versammlungen sind.

Endlich gilt für öffentliche Gewerkschaftsversammlungen, die zur Erörterung reinpolitischer oder sozial- oder wirtschaftspolitischer Angelegenheiten veranstaltet werden, auch § 10 des Vereinsgesetzes, wonach „jede öffentliche politische Versammlung einen Leiter haben muß". Es treffen hier die gleichen Gründe zu wie die bezüglich der Anwendbarkeit des § 5 angeführten. Erwähnt sei dazu noch, daß, obgleich das Vereinsgesetz die Bestellung eines Leiters zwingend vorschreibt (haben „muß“), doch die Nichtbestellung weder einen Auflösungsgrund bildet noch mit Strafe bedroht ist.

Geltung der Strafvorschriften des Vereinsgesetzes.

a) Zur Frage, inwieweit die Strafbestimmungen in §§ 18 und 19 des Vereinsgesetzes durch die neue Vorschrift berührt werden, ist folgendes zu bemerken:

Soweit die Vorschriften des Vereinsgesetzes über politische Vereine und deren Versammlungen auf die „Vereine von Arbeitgebern und Arbeitnehmern zum Behufe der Erlangung günstiger Lohn- und Arbeitsbedingungen“ nicht anzuwenden sind, insoweit finden auf diese Vereine auch die für politische Vereine und deren Versammlungen gegebenen besonderen Strafvorschriften keine Anwendung. Für politische Vereine und deren Versammlungen gelten folgende besonderen Strafvorschriften:

§ 18.

„Mit Geldstrafe bis zu einhundertfünfzig Mark, an deren Stelle im Unvermögensfalle Haft tritt, wird bestraft:

1. wer als Vorstand oder als Mitglied des Vorstandes eines Vereins den Vorschriften über die Einreichung von Satzungen und Verzeichnissen (§ 3 Abs. 2 bis 4) zuwiderhandelt;

5. wer als Vorstand oder als Mitglied des Vorstandes eines Vereins entgegen den Vorschriften des § 17 dieses Gesetzes Personen, die das achtzehnte Lebensjahr noch nicht vollendet haben, in dem Verein duldet;

6. wer entgegen den Vorschriften des § 17 dieses Gesetzes in einer Versammlung anwesend ist.“

Diese Strafvorschriften in § 18 Ziff. 1, Ziff. 5 und Ziff. 6 sind also auf „Vereine von Arbeitgebern und Arbeitnehmern zum Behufe der Erlangung günstiger Lohn- und Arbeitsbedingungen“ sowie auf die Versammlungen dieser Vereine nicht anzuwenden, solange sie sich bei ihrer Tätigkeit in den durch das neue Gesetz bestimmten Grenzen, also im Rahmen ihrer eigentlichen Aufgaben und Zwecke halten. Gehen sie über diese Grenzen hinaus, bezwecken sie eine Einwirkung auf reinpolitische Angelegenheiten (s. S. 68 ff.) oder auf sozial- oder wirtschaftspolitische Angelegenheiten ohne den vom Gesetz erforderten Zusammenhang (s. S. 82 ff.), dann finden auf sie, wie die Vorschriften für politische Vereine überhaupt, so auch die für politische Vereine und deren Versammlungen geltenden Strafvorschriften in vollem Umfang Anwendung. Das brauchte in § 17a nicht besonders hervorgehoben zu werden.

Im übrigen behalten die Strafvorschriften der §§ 18 und 19 des Vereinsgesetzes auch gegenüber den „Vereinen von Arbeitgebern und Arbeitnehmern zum Behufe der Erlangung günstiger Lohn- und Arbeitsbedingungen" (Gewerkschaften, Gewerkvereinen und ähnlichen Vereinigungen) ihre volle Geltung unverändert weiter. [Die Annahme im Kommentar des Verfassers zum Vereinsgesetz (4. Aufl. Verlag von J. Guttentag), daß auch § 18 „Ziff. 2 bezüglich des § 5" nicht anwendbar sei, beruht, wie sich schon aus dem ersten Satz der Anm. 12 daselbst ergibt, auf einem Versehen und ist nicht zutreffend.]

b) Allgemein sei zu den Strafvorschriften noch folgendes angeführt:

Strafbar ist sowohl vorsätzliches wie fahrlässiges Zuwiderhandeln gegen die Strafbestimmmungen. Bewußtsein der Widerrechtlichkeit oder Strafbarkeit ist nicht erforderlich. Irrtum über Inhalt und Bedeutung des Strafgesetzes sowie überhaupt Unkenntnis der Strafvorschrift macht nicht straflos. Dagegen schließt Irrtum über Tatumstände, die zum gesetzlichen Tatbestande gehören, nach § 59 RStGB. die Bestrafung aus, jedoch bei fahrlässig begangenen Handlungen nach Abs. 2 daselbst nur insoweit, als die Unkenntnis selbst nicht durch Fahrlässigkeit verschuldet ist. Im allgemeinen gilt, daß, wenn das Gesetz die Zulässigkeit einer Handlung ausdrücklich an die vorgängige Erfüllung einer polizeilichen Vorschrift knüpft, der Handelnde verpflichtet ist, sich, bevor er die Handlung vornimmt, über die stattgehabte Beobachtung jener Vorschrift glaubhaft zu vergewissern, und sich zu diesem Zweck entweder die amtliche Bescheinigung der zuständigen Behörde vorlegen zu lassen oder selbst die nötigen Erkundigungen bei dieser Behörde einzuziehen. Wer sich statt dessen auf die Versicherung Dritter verläßt, handelt fahrlässig und setzt sich der Gefahr der Bestrafung aus.

Bei Zuwiderhandlungen von Personen unter 18 Jahren sind für die Anwendung der Strafbestimmungen die allgemeinen Vorschriften in §§ 55, 56, 57 Ziff. 3 und 4 RStGB. zu beachten. Hiernach ist ein Angeklagter, welcher zur Zeit der Begehung einer strafbaren Handlung das 12., aber nicht das 18. Lebensjahr vollendet hatte, freizusprechen, wenn er bei Be gehung derselben die zur Erkenntnis ihrer Strafbarkeit erforderliche Einsicht nicht besaß. Ob dies der Fall gewesen, ist vor einer Bestrafung immer zu prüfen. Hat er die zur Erkenntnis der Strafbarkeit erforderliche Einsicht besessen, so ist die Strafe zwischen dem gesetzlichen Mindestbetrage der angedrohten Strafart und der Hälfte des Höchstbetrages der angedrohten Strafe zu bestimmen; auch kann, wenn die Handlung ein Vergehen oder eine Übertretung ist, in besonders leichten Fällen auf Verweis erkannt werden (§ 57 Ziff. 3 und 4). Diese Vorschriften finden auch hier Anwendung. Die Geldstrafe muß sich daher in den Grenzen von 1 bis höchstens 75 Mark, die im Unvermögensfalle an ihre Stelle tretende Haft in den Grenzen von 1 Tag bis 3 Wochen bewegen (§ 29 RStGB). Auch ist ein Verweis zulässig.

Unmittelbar auf Haft zu erkennen ist unzulässig, und zwar auch dann nicht, wenn die Zahlungsunfähigkeit des Täters von vornherein feststeht. Rechtspr. d. Reichsg. in Strafs. Bd. 6 S. 436. Nur im Unvermögensfalle, d. h. nur, wenn die Geldstrafe nicht beigetrieben werden kann (§§ 28, 29 RStGB.), darf an die Stelle der Geldstrafe Haft treten.

Als Übertretungen verjähren die Zuwiderhandlungen gegen § 18 in 3 Monaten (§ 67 Abs. 3 RStGB.).

Eine ausführliche Erörterung der Strafbestimmungen befindet sich in Romen, Das Vereinsgesetz vom 19. April 1908, 4. Auflage (Berlin 1916, Verlag von J. Guttentag).

C.

Anhang.

Das gewerbliche Koalitionsrecht (§§ 152, 153, 154a der Gewerbeordnung).

Literatur:

Brütt, Das Koalitionsrecht der Arbeiter in Deutschland und seine Reformbedürftigkeit, in v. Liszt, Abhandlungen des kriminalistischen Seminars an der Universität Berlin, Neue Folge II. Bd. 4. Heft; Goldschmidt, Das Koalitionsrecht, in Hirths Annalen des Deutschen Reichs für Gesetzgebung, Verwaltung und Statistik 1901 S. 322 ff., 431 ff., 536 ff.; Heinemann, Das Koalitionsrecht in der Rechtsprechung des Reichsgerichts, in Soz. Pr. XII, 273;- derselbe, Der Koalitionsgedanke im Weltkriege, Sozialist. Monatshefte 1915 S. 1108 ff.; derselbe, Die soziale Kraft der Koalition, in Recht, Verwaltung und Politik im Neuen Deutschland, herausgegeben von Dr. A. Bozi und Dr. Hugo Heinemann; derselbe, Zum § 153 der Reichsgewerbeordnung. in Zeitschrift für die gesamte Strafrechtswissenschaft Bd. 32 S. 192; Legien, Das Koalitionsrecht der deutschen Arbeiter in Theorie und Praxis, Hamburg 1899; Löwenfeld, Koalitionsrecht und Strafrecht, im Archiv für soziale Gesetzgebung und Statistik, Bd. 14 S. 471 ff.; Spuhl, Die Vereinigungen und Verabredungen zur Erlangung günstiger Lohn- und Arbeitsbedingungen (Inauguraldissertation, Berlin 1906, Verlags-Konto Hermann Bahr).

Die Kommentare zur Gewerbeordnung für das Deutsche Reich (§§ 152, 153 154a) von Flesch, Hiller und Luppe, 19. Auflage (Guttentagsche Sammlung Deutscher Reichsgesetze, Verlag von J. Guttentag); von v. Landmann und von Dr. Lindenberg.

Über die Quellen der Koalitions- und Vereinsfreiheit der Arbeiter und ihre Grenzen siehe auch die Ausführungen des Staatssekretärs des Innern Dr. Delbrück in der Reichstagssitzung vom 10. Dezember 1912, Sten.Ber. über die Verhandlungen des Reichstags, 13. Legisl.-Periode, I. Session 1912/1918 S. 2707 C ff.

Mit dem Vereins- und Versammlungsrecht wird häufig in Verbindung gebracht das gewerbliche sogenannte Koalitionsrecht. In Wirklichkeit aber haben beide nichts miteinander zu tun. Das Koalitionsrecht ist, wie es in der Begründung des Entwurfes zum Vereinsgesetz (S. 20) heißt, „ein dem eigentlichen Vereins- und Versammlungsrechte formell und materiell ungleichartiges Rechtsgebiet". Bei der Beratung des Vereinsgesetzes wurde trotzdem angeregt, gleichzeitig auch das Koalitionsrecht zu regeln; zwischen dem Vereins- und Versammlungsrechte und dem Koalitionsrechte bestehe die denkbar engste Verbindung, „denn dieses sei nur ein Fall spezieller Anwendung des Vereins- und Versammlungsrechtes, in dem die Besserung der Lohn- und Beschäftigungsbedingungen im Wege der

Bildung von Vereinen und Veranstaltungen erstrebt werde". (Kom.-Ber. zum Entwurf des Vereinsgesetzes S. 20, 21). Die verbündeten Regierungen verblieben aber bei ihrem Standpunkte, daß die Bestimmungen über das Koalitionsrecht nicht in das Vereinsgesetz gehörten. Daraufhin unterblieb die Regelung. Die Vorschriften der Gewerbeordnung über das Koalitionsrecht werden daher durch das Vereinsgesetz nicht berührt.

I.

Umfang und Inhalt des Koalitionsrechtes.

Unter Koalitionsrecht, Koalitionsfreiheit ist zu verstehen die Freiheit der Verabredung und Vereinigung zum Behufe der Erlangung günstiger Lohn- und Arbeitsbedingungen, insbesondere auch mittels Streik oder Aussperrungen.

Gesetzlich gewährleistet ist das Koalitionsrecht durch § 152 der Reichsgewerbeordnung, der bestimmt:

„Alle Verbote und Strafbestimmungen gegen Gewerbetreibende, gewerbliche Gehilfen, Gesellen oder Fabrikarbeiter wegen Verabredungen und Vereinigungen zum Behufe der Erlangung günstiger Lohn- und Arbeitsbedingungen, insbesondere mittelst Einstellung der Arbeit oder Entlassung der Arbeiter werden aufgehoben.

Jedem Teilnehmer steht der Rücktritt von solchen Vereinigungen und Verabredungen frei und es findet aus letzteren weder Klage noch Einrede statt."

Durch diese Bestimmung wird den Gewerbetreibenden und den gewerblichen Arbeitern das Recht der Koalition eingeräumt und ihnen freie Hand gelassen, beliebige Mittel, wenn sie nicht schon an und für sich, von der Koalition abgesehen, gegen ein Strafgesetz verstoßen oder in § 153 unter Strafe gestellt sind, zur Erlangung günstiger Lohn- und Arbeitsbedingungen zu gebrauchen. (Entsch. des Reichsger. in Straff. Bd. 30 S. 360.) Hierzu ist folgendes zu bemerken:

Zunächst steht das Koalitionsrecht nur den in § 152 bezeichneten Personenklassen zu und zwar ist es Arbeitnehmern und Arbeitgebern in gleicher Weise eingeräumt (Entsch. des Reichsger. in Straff. Bd. 36 S. 237, 238). Durch § 154a der Gewerbeordnung ist dann das Recht noch ausgedehnt worden auf die Besitzer und Arbeiter von Bergwerken, Salinen, Aufbereitungsanstalten und unterirdisch betriebenen Brüchen oder Gruben.

Zu den in § 152 genannten Personen gehören auch die Unternehmer und Gehilfen im Handelsgewerbe und Apothekergewerbe. Beide Gewerbe fallen im allgemeinen unter die Gewerbeordnung. Bestimmungen, wonach § 152 auf sie nicht anwendbar sei, sind nicht vorhanden.

Zu den Gehilfen im Sinne der Vorschrift des § 152 sind auch zu rechnen die Betriebsbeamten, Werkmeister und Techniker, ferner die Heimarbeiter und selbständigen Hausgewerbetreibenden. Sie alle haben also das Koalitionsrecht.

Auf Lehrlinge findet § 152 keine Anwendung; sie sind im Gesetze nicht genannt.

Die Bestimmung des § 152 findet ferner keine Anwendung auf Arbeiter und Arbeitgeber in Betrieben, die gemäß § 6 der Gewerbeordnung überhaupt nicht unter diese fallen, das sind insbesondere die beim Betriebe von Eisenbahnen beschäftigten Unternehmer und Arbeiter sowie die Schiffsmannschaften auf den Seeschiffen.

Ausgeschlossen von der Koalitionsfreiheit sind namentlich auch die landwirtschaftlichen Unternehmer und Arbeiter sowie die zu häuslichen Arbeiten verwendeten Dienstboten (Gesinde). Für diese gilt noch das Landesrecht, welches zum Teil ein vollständiges Koalitionsverbot kennt; so ist z. B. für Preußen in § 3 des Gesetzes vom 24. April 1854 betreffend die Verletzungen der Dienstpflichten des Gesindes und der ländlichen Arbeiter bestimmt:

> „Gesinde, Schiffsknechte, Dienstleute oder Handarbeiter der § 2 a, b, c, d bezeichneten Art, welche die Arbeitsgeber oder die Obrigkeit zu gewissen Handlungen oder Zugeständnissen dadurch zu bestimmen suchen, daß sie die Einstellung der Arbeit oder die Verhinderung derselben bei einzelnen oder mehreren Arbeitsgebern verabreden oder zu einer solchen Verabredung Andere auffordern, haben Gefängnisstrafen bis zu einem Jahre verwirkt."

Diese landesrechtlichen Vorschriften sind durch § 24 Abs. 3 des Vereinsgesetzes ausdrücklich aufrecht erhalten worden. Vgl. dazu Urteil des Preuß. Kammergerichts vom 13. Februar 1895, Entscheid. Bd. 17 S. 454.

Was den objektiven Umfang des Koalitionsrechtes betrifft, so erstreckt sich § 152 der Gewerbeordnung nicht auf alle Berufsvereine, sondern nur auf solche, welche die Erlangung günstiger Lohn- oder Arbeitsbedingungen bezwecken. Zur „Erlangung" gehört auch die Erhaltung und Sicherung. Siehe Romen, Vereinsgesetz § 6 Anm. 5 e.

Die „Erlangung günstiger Lohn- und Arbeitsbedingungen" umfaßt nur bestimmte Lohn- und Arbeitsverhältnisse, d. h. nur die Verhältnisse bestimmter Arbeitgeber- oder

Arbeitergruppen. „Der § 152 der Gewerbeordnung", so heißt es in einer Entscheidung des Reichsgerichts (Entscheid. in Strafsachen Bd. 16 S. 385), „hat es ausschließlich mit den konkreten Arbeitsverträgen zwischen Arbeitgebern und Arbeitnehmern, mit den unmittelbar durch diese Verträge geregelten Lohn- und Arbeitsbedingungen und mit dem Gegensatze und Kampfe der sozialökonomischen Interessen unmittelbar um diese Bedingungen zu tun." Dieser Auffassung hat sich die herrschende Meinung angeschlossen. Hiernach fallen nicht unter § 152 Verabredungen und Vereinigungen, die eine Änderung der rechtlichen, sozialen oder wirtschaftlichen Lage von Arbeitgebern oder Arbeitnehmern im allgemeinen bezwecken. Ferner findet § 152 keine Anwendung auf Verabredungen oder Vereinigungen von Gewerbetreibenden zur Erlangung oder Aufrechterhaltung bestimmter Preise für ihre Gewerbserzeugnisse (Kartelle und Syndikate). Diese gehören nicht zu den Verabredungen und Vereinigungen zum Behufe der Erlangung „günstiger Lohn- und Arbeitsbedingungen". Das Gleiche gilt von den sogenannten Tarifverträgen, d. h. Verträgen zwischen Arbeitgebern und Arbeitnehmern über Festlegung von Lohn- und Arbeitsbedingungen. Auch Tarifämter, die die Durchführung von Tarifverträgen überwachen, sowie sogenannte Schlichtungskommissionen sind keine Koalitionen im Sinne des § 152.

Unter „günstige Lohn- und Arbeitsbedingungen" fallen nicht nur die im Arbeitsvertrage zu treffenden Abmachungen (über Lohn oder Lohnsystem), sondern auch alle Verabredungen, die über den Bereich des Arbeitsvertrages hinaus eine dem einen oder anderen Teile vorteilhafte Gestaltung des gegenseitigen Verhältnisses bezwecken (über Arbeitszeit, Kündigungsbestimmungen, Arbeitsnachweis, Wohlfahrtseinrichtungen, Entlassung von Vorgesetzten und Nichtorganisierten, Wiedereinstellung entlassener Arbeiter usw.). Daß auch in der versuchten Erzwingung des Rechtes, sich zu einer Vereinigung zusammenschließen, sowie in der Erzwingung der Wiedereinstellung der entlassenen Arbeiter die Erlangung günstiger Arbeitsbedingungen erblickt werden kann, hat das Reichsgericht anerkannt (Entsch. in Straff. Bd. 44 S. 5). Darauf, ob die Bedingungen in Wirklichkeit günstigere oder überhaupt günstige sind, kommt es nicht an. Die erstrebten Bedingungen können sogar tatsächlich weniger Vorteile bieten als die bestehenden. Maßgebend ist allein, daß die Beteiligten sie für günstig, für erstrebenswert halten. „Die im § 152 den Fabrikarbeitern usw. gewährte Koalitionsfreiheit, die ihnen schlechthin die

Befugnis der Verabredung der Arbeitseinstellung zum Behufe der Erlangung günstiger Lohn- und Arbeitsbedingungen einräumt, würde selbstverständlich eine ganz unzulässige und widersinnige Einschränkung erleiden, wenn sie davon abhängig sein sollte, daß jene Bedingungen wirklich als objektiv günstigere oder doch günstige sich darstellen. Es liegt in der Natur der Sache, daß für die Frage, ob die von den Arbeitern erstrebten Lohn- oder Arbeitsbedingungen günstige sind, wesentlich ihre eigene subjektive Auffassung, nicht aber eine vergleichende ziffermäßige Berechnung der einzelnen Faktoren, die in vielen Fällen, namentlich bezüglich der Gestaltung und Wirkung der Arbeitsverhältnisse nicht einmal möglich sein würde, maßgebend ist." Entsch. des Reichsger. vom 5. Juli 1897, Entsch. in Straff. Bd. 30 S. 237.

Als Mittel, die zur Erlangung günstiger Lohn- und Arbeitsbedingungen straffrei angewendet werden dürfen, führt das Gesetz „insbesondere" Einstellung der Arbeit und Entlassung der Arbeiter an (Ausstand, Streik und Aussperrung). Diese beiden Mittel sind, weil die wichtigsten und am häufigsten vorkommenden, nur als Beispiele ausdrücklich benannt worden. Sie bleiben übrigens als Mittel auch dann erlaubt, wenn sie unter Kontraktbruch erfolgen. Erlaubt sind weiterhin alle sonstigen Mittel, soweit sie nicht gegen § 153 der Gewerbeordnung, sowie gegen allgemeine strafgesetzliche Bestimmungen (z. B. Nötigung, Drohung, Erpressung) oder gegen allgemeine polizeiliche Anordnungen verstoßen. In einer Entscheidung vom 6. Oktober 1890 führt das Reichsgericht aus (Entscheid. in Straff. Bd. 21 S. 120): „Völlig unberührt von der in § 152 der Gewerbeordnung enthaltenen Anerkennung der Koalitionsfreiheit bleibt die Frage, welche Mittel, von der Eingehung der Koalition selbst abgesehen, sonst die vereinigten Arbeiter oder Arbeitgeber zur Erreichung des in § 152 bezeichneten Zweckes anwenden können und anwenden dürfen, ohne sich strafbar zu machen. Sind diese Mittel nach anderweiten Gesetzen verboten und ihre Anwendung strafbar, so trifft Verbot und Strafdrohung auch die Koalition und die für diese Handelnden, soweit sie sich solcher Mittel bedienen. Insoweit ist die rechtliche Stellung der Koalition und ihrer Vertreter ganz dieselbe wie die der einzelnen Arbeiter oder Arbeitgeber." Und in einer Entscheidung des Reichsgerichts vom 4. Februar 1901 (Entsch. in Straff. Bd. 34 S. 129) heißt es: „Selbstverständlich sind bei Ausübung des Koalitionsrechtes die bestehenden

Gesetze zu befolgen; eine nach einem bestehenden Strafgesetze strafbare Handlung wird nicht dadurch straffrei, daß sie das Mittel bildet, die Zwecke der Koalition zu fördern." Als zulässige Mittel sind z. B. weiterhin zu nennen: Boykott, Sperre, schwarze Listen, Fernhaltung des Zuzugs, Aufforderung zum Kontraktbruch, Verabredung von Vertragsstrafen, Zahlung von Streikunterstützung sowie von Reisegeld und Entschädigung an „Streikbrecher".

Auch das Streikpostenstehen fällt unter die nach § 152 erlaubten Mittel. Landesrechtliche Verbote dagegen sind als dem § 152 widersprechend ungültig. (So die oben angeführte Entscheidung des Reichsgerichts vom 4. Februar 1901.) Doch sind polizeiliche Bestimmungen gegen Störung der öffentlichen Ruhe, Sicherheit und Ordnung durch Streikposten für zulässig erachtet worden. (Urt. des Preuß. Kammergerichts vom 23. November 1899, Deutsche Juristen-Zeitung Bd. 5 S. 167). Auch sind die Streikposten den allgemeinen straßenpolizeilichen Anordnungen unterworfen. „Eine Handlung, die an sich eine straßenpolizeiliche Übertretung enthält, wird dadurch nicht straflos, daß der Täter sie als Streikposten begangen hat und daß das Streikpostenstehen als solches erlaubt ist" (Urt. des Preuß. Kammergerichts vom 19. Juni 1905, Deutsche Juristen-Zeitung 1905 Sp. 653). Das Streikpostenstehen (und ebenso die durch die Presse veröffentlichte Boykotterklärung) kann nach eingegangenen Gerichtsentscheidungen auch als grober Unfug (§ 360 Z. 11 RStGB.) angesehen werden, wenn auf belebten Straßen Streikposten den Straßengängern den Weg vertreten und damit die ruhige Abwicklung des Verkehrs stören (z. B. Urt. des Oberlandesger. Hamburg vom 30. Sept. 1897. Deutsche Juristen-Zeitung 1898 S. 516; Urt. des Oberlandesger. Dresden vom 2. November 1905, GewArch. Bd. 6 S. 177. Zahlreiche gleichlautende Urteile sind angeführt in Legien, Das Koalitionsrecht der deutschen Arbeiter S. 82 ff. Auch in der öffentlichen, durch Verbreitung von Flugblättern bewirkten Aufforderung zum Boykott ist „grober Unfug" erblickt worden. Urt. des Reichsger. vom 14. Juni 1895, Entsch. in Straff. Bd. 27 S. 292 ff. Anderer Ansicht ist Brütt, Das Koalitionsrecht der Arbeiter S. 290).

Die Anwendung der gesetzlich erlaubten Mittel (Streik, Aussperrung, Boykott usw., s. oben), zieht auch keine vermögensrechtliche Schadensersatzpflicht (§§ 823, 826 BGB.) nach sich, auch kann ihre Unterlassung nicht durch Klage oder einstweilige Verfügung erzwungen werden. Jedoch ist vom Reichsgericht entschieden worden, daß „Widerrechtlichkeit" im Sinne des § 823 BGB. oder „Verstoß gegen die guten

Sitten" im Sinne des § 826 BGB. dann anzunehmen seien, wenn entweder die zur Erreichung des Zweckes angewandten Mittel an sich unsittlich sind, wie wahrheitswidrige und aufhetzende Darstellungen, oder wenn der dem Gegner zugefügte Nachteil so erheblich ist, daß dadurch dessen wirtschaftliche Vernichtung herbeigeführt wird, oder wenn dieser Nachteil wenigstens zu dem angestrebten Vorteil in keinem erträglichen Verhältnisse steht, endlich auch, wenn der Erfolg, der durch das Druckmittel herbeigeführt werden soll, nach Lage der Sache als ein berechtigtes Ziel nicht mehr erscheint. (Vgl. „Das Bürgerl. Gesetzbuch mit besonderer Berücksichtigung der Rechtsprechung des Reichsgerichts" (Verlag von J. Guttentag), § 826 Anm. 5o; Achilles, Bürgerliches Gesetzbuch (Verlag von J. Guttentag) § 826 Anm. 3; Lindenberg, Reichsgewerbeordnung § 152 Anm. 12).

Den Koalitionsverabredungen bleibt der staatliche Schutz vorenthalten. Sie sind zwar nicht nichtig, aber jeder Teilnehmer kann gemäß Abs. 2 des § 152 unbehindert von solchen Vereinigungen und Verabredungen zurücktreten, und es können aus ihnen weder durch Klage noch im Wege der Einrede Rechte geltend gemacht werden. Geschieht letzteres dennoch, so ist die Einwendung von Amts wegen zurückzuweisen. Auch sind Vereinbarungen von Vertrags- (Konventional-)Strafen nach § 344 BGB. unwirksam. Ferner können bestellte Sicherheiten (z. B. durch Ausstellung von Wechseln, Pfandbestellung) jederzeit zurückgefordert werden. Dagegen sind bereits geleistete Zahlungen nicht rückforderbar.

Verpflichtungen der Arbeiter, aus einer Organisation auszutreten oder einer solchen nicht beizutreten, sind nichtig.

Die Vorschrift des Abs. 2 kommt auch Rechtsnachfolgern zugute.

Versammlungen von Gewerbetreibenden, gewerblichen Gehilfen usw., die lediglich die in § 152 angegebenen Zwecke verfolgen, ohne gleichzeitig zu bezwecken, auf sozial- oder wirtschaftspolitische Angelegenheiten einzuwirken, sogen. Koalitionsversammlungen, sind keine politischen Versammlungen und demgemäß nach § 6 Abs. 3 des Vereinsgesetzes von der Anzeigepflicht befreit. Hiernach sind solche Versammlungen, wenn sie öffentliche sind, auch keine öffentlichen politischen Versammlungen und fallen nicht unter das im § 17 des Vereinsgesetzes für Jugendliche aufgestellte Teilnahmeverbot. Die im § 152 der Gewerbeordnung bezeichneten Angelegenheiten sind überhaupt als solche nicht politischer Natur (Erklärung des Staatssekretärs des Innern bei der Beratung des Entwurfes des Vereinsgesetzes in der Kommission,

Drucksachen des Reichstages 1907/08 Nr. 819 S. 62). Sie werden es erst dann, „wenn bezweckt wird, die für die Arbeitnehmer oder Arbeitgeber günstigeren Lohn- und Arbeitsbedingungen durch Veränderung der Gesetzgebung, durch Einwirkung auf die Sozialpolitik oder durch Zuhilfenahme der Staatsmittel indirekt zu erreichen". (Runderlaß des Preuß. Ministers des Innern vom 13. Mai 1908 Ziff. 9.) S. auch S. 8, 55. Demnach sind logischerweise auch öffentliche Versammlungen von Gewerkschaften, die ausschließlich die im § 152 bezeichneten Angelegenheiten zum Gegenstande haben, keine öffentlichen politischen Versammlungen. S. auch S. 56.

II.
Der strafrechtliche Schutz der Koalitionsfreiheit.

Strafrechtlich geschützt ist die gesetzlich gewährte Koalitionsfreiheit durch § 153 der Gewerbeordnung. Hier ist bestimmt:

„Wer andere durch Anwendung körperlichen Zwanges, durch Drohungen, durch Ehrverletzung oder durch Verrufserklärung bestimmt oder zu bestimmen versucht, an solchen Verabredungen (§ 152) teilzunehmen oder ihnen Folge zu leisten oder andere durch gleiche Mittel hindert oder zu hindern versucht, von solchen Verabredungen zurückzutreten, wird mit Gefängnis bis zu drei Monaten bestraft, sofern nach dem allgemeinen Strafgesetze nicht eine härtere Strafe eintritt."

Die Vorschrift bezweckt, dem Mißbrauch der Koalitionsfreiheit vorzubeugen; sie will wirksamen Schutz gewähren gegen die Beeinträchtigung des freien Entschlusses des einzelnen in bezug auf die Beteiligung an der Koalition (Entsch. d. Reichsger. vom 18. Juni 1907, Entsch. in Strafs. Bd. 36 S. 237, 238, Bd. 40 S. 228) dadurch, daß jede Nötigung, jede Ausübung eines Zwanges zur Teilnahme an einer Koalition der im § 152 bezeichneten Art oder zum Verbleiben bei einer solchen bei Strafe verboten ist. Die Strafbestimmung des § 153 bildet eine unentbehrliche Ergänzung des § 152. Der Freiheit der Vereinigung auf der einen Seite muß auf der anderen Seite gegenüberstehen die freie Willensentschließung des einzelnen hinsichtlich der Teilnahme, der Schutz der Beteiligungsfreiheit; ohne solchen würde die Freiheit der Vereinigung in Wirklichkeit in Vereinigungszwang umgewandelt werden (Entsch. d. Reichsger. in Strafs. Bd. 30 S. 362, Bd. 35 S. 208, Bd. 36 S. 238). Im übrigen ist die Strafvorschrift ein nur aushilfsweise geltendes (subsidiäres) Strafgesetz, die nur dann Platz greifen soll, wenn nicht das allgemeine

Strafrecht, also gegenwärtig das Strafgesetzbuch für das Deutsche Reich, bereits einen vom § 153 umfaßten Tatbestand mit einer Strafe bedroht, die in ihrem Höchstmaße eine härtere Bestrafung ermöglicht, als der § 153 zuläßt, und wenn überdies nicht auf Grund des allgemeinen Strafrechts eine Bestrafung eintritt (Entsch. d. Reichsger. in Straff. Bd. 44 S. 2).

Täter des Vergehens kann Jedermann sein, gleichviel, ob er den Vereinigungen angehört oder nicht. Das Gesetz sagt ganz allgemein: „Wer" andere durch Anwendung körperlichen Zwanges usw. bestimmt oder zu bestimmen versucht. Hierdurch ist unzweideutig zum Ausdrucke gebracht, daß jeder, sei es ein Berufsgenosse, sei es ein Dritter, der der Vorschrift zuwiderhandelt, der dort angedrohten Strafe verfällt. Entsch. d. Reichsger. vom 23. November 1897, Entsch. in Straff. Bd. 30 S. 361.

Was objektiv den Kreis der durch § 153 geschützten Personen anlangt, so besteht über dessen Umfang in der Wissenschaft und Rechtsprechung Streit. Im Gesetze heißt es allgemein: „Wer „Andere" durch Anwendung körperlichen Zwanges usw. bestimmt oder zu bestimmen versucht." Nach der einen Auslegung (insbesondere nachdrücklich v. Landmann § 153 Anm. 2 b) sind unter diesen „Anderen" nur die eigenen Berufsgenossen derjenigen, welche die Nötigung ausüben, also entweder Arbeiter oder Arbeitgeber zu verstehen, Angehörige der Gegenpartei und Dritte sollen dagegen nur insoweit in Betracht kommen, als sie sich an der Verabredung beteiligen sollen, nicht aber, soweit sie die günstigen Arbeits- und Lohnbedingungen gewähren sollen. Danach sind Boykott, Verruf, Sperre usw. gegen die Gegenpartei zulässig und nicht gemäß § 153 strafbar, sondern nur, soweit sie es etwa nach allgemeinen Strafgesetzen sind; ebensowenig sind Drohungen, Ehrverletzungen gegen Dritte, die nicht an der Verabredung teilnehmen, sondern lediglich bestimmte Handlungen unterlassen sollen, nach § 153 strafbar (Flesch § 153 Abs. 3 der Anm.). Nach der anderen Auslegung sollen durch die Strafbestimmung auch Personen geschützt werden, die nicht zu den Berufsgenossen desjenigen gehören, von dem die Einwirkung oder der Versuch einer solchen ausgeht („Personen jedweden Standes"). Dies ist auch die Auffassung des Reichsgerichts. In einer Entscheidung vom 23. November 1897 (Entsch. in Straff. Bd. 30 S. 361) heißt es: „Der § 153 spricht ohne jeden Unterschied von „Anderen", auf welche eingewirkt wird, und bringt so unzweideutig zum Ausdruck, daß niemand, weder ein

Berufsgenosse, noch irgendeine andere Person, in seiner freien Willensentschließung, solchen Vereinigungen Folge zu leisten oder nicht, durch Anwendung körperlichen Zwanges, durch Drohungen, durch Ehrverletzung oder durch Verrufserklärung beeinflußt werden darf." Und aus der Entstehung des Gesetzes wird dargetan, „es sei nirgends angedeutet, daß nur ein bestimmter Personenkreis des Schutzes der Freiheit der Willensentschließung bedürftig und durch die Strafvorschrift vor Vergewaltigung zu bewahren sei. Gänzlich verfehlt würde es sein, wollte man nur den der Vereinigung durch die Gemeinschaft des Berufes nahestehenden Personen den Schutz des § 153 gewähren, dagegen unter Versagung dieses Schutzes alle diejenigen, denen eine solche Beziehung zu der Vereinigung und häufig jegliches Interesse für ihre Zwecke fehlt, gesetzwidriger Beeinflussung preisgeben." In Bestätigung und Ergänzung dieser Darlegungen führt das Reichsgericht dann in einer Entscheidung vom 30. April 1903 (Entsch. in Straff. Bd. 36 S. 238) aus, daß der Schutz des § 153 auch in dem Falle zu gewähren sei, wenn nicht von Arbeitnehmern *auf Arbeitnehmer, sondern von Arbeitnehmern auf Arbeitgeber* zwangsweise eingewirkt werde. „An und für sich ist es nach der Absicht des Gesetzgebers gleichgültig, wer die „anderen" sind, ob sie Berufsgenossen oder Arbeiter anderer Berufszweige, ob sie gleichfalls Arbeitnehmer wie die den Zwang Ausübenden oder Arbeitgeber sind und ob umgekehrt von Arbeitgebern gegenüber solchen oder auch gegenüber Arbeitnehmern der Zwang ausgeübt wird." Entsch. in Straff. Bd. 40 S. 228. Später hat dann das Reichsgericht seine Auffassung dahin eingeschränkt, Voraussetzung für die Anwendung des § 153 sei, daß durch die Einwirkung oder die versuchte Einwirkung auf die anderen mit Bezug auf eine Vereinigung oder Verabredung zum Behufe der Erlangung günstiger Lohn- und Arbeitsbedingungen ihre Teilnahme oder ihr Folgeleisten erreicht werden könne und nach Absicht des Täters erreicht werden solle. Im übrigen aber, wenn es sich nur um zwangsweise Einwirkung auf andere zum Zwecke der Erlangung der Bewilligung an sie gestellter Forderungen handele, sollten die allgemeinen strafrechtlichen Vorschriften maßgebend sein (Entsch. d. Reichsger. in Straff. Bd. 40 S. 227, 228 Bd. 41 S. 367 ff.). Hiernach kommt also § 153 jedenfalls dann nicht zur Anwendung, wenn die Nötigung nur erfolgt, um die Gegner im Lohnkampfe zu Zugeständnissen zu bestimmen.

Als Mittel der strafbaren Einwirkung auf andere

werden vom Gesetz angeführt: „Anwendung körperlichen Zwanges", „Drohungen", „Ehrverletzung" und „Verrufserklärung".

Der Begriff des „körperlichen Zwanges" ist weiter als der der „Gewalt"; es fallen darunter nicht bloß Mißhandlungen, sondern alle gegen den Körper und die Bewegungsfreiheit gerichteten Handlungen, wie Freiheitsberaubung, durch körperliche Gewalt verübte Nötigung, Entziehung der Nahrung.

Der Begriff „Drohung" im Sinne des § 153 ist derselbe wie der der „Bedrohung" im Sinne des § 240 RStGB. Es gehört dazu Inaussichtstellung eines künftigen Übels, das den Entschluß eines anderen beeinflussen kann. Das Übel muß so angekündigt werden, als ob sein Eintritt vom freien Belieben des Drohenden abhinge, sonst liegt eine bloße Warnung vor. Das Merkmal der Bedrohung liegt auch dann vor, wenn mit einer von einem Dritten zu verübenden Tat gedroht wird, vorausgesetzt nur, daß diese Tat so dargestellt wird, als ob sie auf Veranlassung oder unter dem Einflusse des Drohenden vollführt würde. (Entsch. d. Reichsger. vom 20. Juni 1895, Entsch. in Strafs. Bd. 27 S. 308.) Ohne Bedeutung für die Anwendbarkeit des § 153 ist es, ob das angedrohte Übel widerrechtlich ist oder nicht. So fällt z. B. Drohung mit einer begründeten Denunziation unter die Vorschrift des § 153 (Entsch. d. Reichsger. vom 19. Oktober 1886, Entsch. in Strafs. Bd. 14 S. 391), ebenso die Drohung, einen Wechsel, den der Bedrohte zur Sicherung seines Ausharrens beim Streik akzeptiert hatte, in Umlauf zu setzen. Nicht erforderlich ist, daß der Drohende in der Lage oder willens ist, seine Drohung zu verwirklichen, oder daß der Bedrohte den Eintritt des gedrohten Übels zu befürchten hat oder befürchtet. Vollendet ist das Vergehen durch die bloße Einwirkung, ja schon durch den Versuch der Einwirkung auf den Willen anderer mittels Drohung. (Landmann § 153 Anm. 2 f.)

Unter „Ehrverletzung" ist zu verstehen jede rechtswidrige Kundgebung der Mißachtung eines anderen, die mit dem Bewußtsein der Ehrenkränkung erfolgt. Der Begriff umfaßt zunächst den Begriff der „Beleidigung" im Sinne der §§ 185—187 RStGB., geht aber noch weiter, jedoch zur Bestrafung aus § 153 genügt nicht die bloße Beleidigungsabsicht, vielmehr ist auch der Wille, der Vorsatz erforderlich, den anderen zum Anschluß an die Koalition zur Niederlegung der Arbeit usw. zu bestimmen. Daß die Bezeichnung „Streikbrecher" strafbar ist, wird allgemein angenommen. Der Schutz des § 193 RStGB.

— Straflosigkeit der Beleidigung bei Wahrnehmung berechtigter Interessen — kommt im Falle des § 153 nicht in Betracht.

Unter „Verrufserklärung" ist die von der Seite der Standes- oder Berufsgenossen ausgehende Erklärung zu verstehen, daß ein erkennbar bezeichneter Genosse wegen Unwürdigkeit von dem Verkehr mit den Standes- oder Berufsgenossen ausgeschlossen sein solle. Der Wille, ihn von diesem Verkehr auszuschließen, kann nicht nur durch Worte, sondern auch durch Handlungen zum verständlichen Ausdrucke gebracht werden. Urt. des Preuß. Kammergerichts vom 13. Jan. 1905, Deutsche Jur.-Zeitung 1905 Sp. 507. Daß die Erklärung das Wort „Verruf" enthält, ist nicht notwendig. Auch eine bedingte Verrufserklärung genügt. In der bloßen Aufstellung schwarzer Listen liegt noch keine Verrufserklärung.

Die Vorschrift des § 153 bezieht sich auf alle in § 152 bezeichneten Vereine. Wenn § 153 nur von „Verabredungen" spricht, so darf daraus nicht geschlossen werden, daß nur diese gemeint sind, vielmehr erstreckt sich § 153 in gleicher Weise auch auf die in § 152 angeführten „Vereinigungen". Nach den Motiven zum Entwurf der Gewerbeordnung soll der besondere Schutz der Beteiligungsfreiheit so weit reichen wie die Koalitionsfreiheit selbst; beide sollen sich vollständig decken (Urt. des Reichsger. vom 15. April 1902, Entsch. in Straff. Bd. 35 S. 205 ff., Bd. 40 S. 228). Gegen diese Entscheidung spricht sich Heinemann aus (Zeitschrift für die gesamte Strafrechtswissenschaft Bd. 32 S. 196).

Wie bereits bemerkt, kommt die Strafvorschrift des § 153 nur aushilfsweise, nämlich erst dann in Betracht, wenn „nach dem allgemeinen Strafgesetze nicht eine härtere Strafe eintritt". Unter dem „allgemeinen Strafgesetz" ist gegenwärtig das Strafgesetzbuch für das Deutsche Reich zu verstehen. Als Vorschriften des Strafgesetzbuches, die eine härtere Strafe enthalten, kommen in Betracht: § 110 (öffentliche Aufforderung zum Ungehorsam gegen die Gesetze — ohne Unterschied, ob es sich um bürgerliche Gesetze oder um Strafgesetze handelt, Entsch. d. Reichsger. in Straff. Bd. 20 S. 63 ff., 150 ff.; Bd. 21 S. 299 ff., 304 ff.); §§ 123, 124 (Hausfriedensbruch); § 125 (Landfriedensbruch); § 126 (Androhung eines gemeingefährlichen Verbrechens); § 127 (bewaffnete Zusammenrottung); § 130 (Aufreizung zu Gewalttätigkeiten); §§ 185—187 (Beleidigung); §§ 223, 223a (Körperverletzung); § 240 (Nötigung); § 241 (Bedrohung); §§ 253, 254 (Erpressung). Verstößt die Handlung gleichzeitig gegen § 153 der Gewerbeordnung und gegen das allgemeine Strafgesetz, so fällt die Bestrafung aus § 153 fort. Die Anwendung der Sondervorschrift des § 153 ist aber nur dann ausgeschlossen, wenn nach den allgemeinen Strafgesetzen eine Bestrafung des Täters „eintritt". Ist demnach, sei es wegen Mangels eines Strafantrages oder wegen Verjährung oder aus sonstigen Gründen, eine Bestrafung aus dem an sich vorliegenden Tatbestand eines allgemeinen Strafgesetzes unzulässig, so greift die Strafvorschrift des § 153 Platz, wie diese auch dann zur Anwendung zu gelangen hat, wenn das allgemeine Strafgesetz im Höchstmaß eine mildere Strafe androht als § 153 (Entsch. d. Reichsgerichts vom 14. April 1910, Entsch. in Strafs. Bd. 44 S. 4).

D.

Das Vereinsgesetz vom 19. April 1908*).

§ 1.

Alle Reichsangehörigen haben das Recht, zu Zwecken, die den Strafgesetzen nicht zuwiderlaufen, Vereine zu bilden und sich zu versammeln. Dieses Recht unterliegt polizeilich nur den in diesem Gesetz und anderen Reichsgesetzen enthaltenen Beschränkungen.

Die allgemeinen sicherheitspolizeilichen Bestimmungen des Landesrechts finden Anwendung, soweit es sich um die Verhütung unmittelbarer Gefahr für Leben und Gesundheit der Teilnehmer an einer Versammlung handelt.

§ 2.

Ein Verein, dessen Zweck den Strafgesetzen zuwiderläuft, kann aufgelöst werden.

Die Auflösungsverfügung kann im Wege des Verwaltungsstreitverfahrens und wo ein solches nicht besteht, im Wege des Rekurses nach Maßgabe der Vorschriften der §§ 20, 21 der Gewerbeordnung angefochten werden.

Die endgültige Auflösung eines Vereins ist öffentlich bekannt zu machen.

§ 3.

Jeder Verein, der eine Einwirkung auf politische Angelegenheiten bezweckt (politischer Verein), muß einen Vorstand und eine Satzung haben.

---

*) Einen ausführlichen Kommentar enthält das Werk: „Das Vereinsgesetz vom 19. April 1908 nebst Ausführungsbestimmungen". Unter Benutzung der amtlichen Quellen und mit Berücksichtigung der gesamten Rechtsprechung bearbeitet und ausführlich erläutert von Dr. jur. A. Romen, Wirklichem Geheimen Kriegsrat. 4. Auflage, enthaltend das Abänderungsgesetz vom 26. Juni 1916. Berlin 1916, Verlag von J. Guttentag.

Der Vorstand ist verpflichtet, binnen einer Frist von zwei Wochen nach Gründung des Vereins die Satzung sowie das Verzeichnis der Mitglieder des Vorstandes der für den Sitz des Vereins zuständigen Polizeibehörde einzureichen. Über die erfolgte Einreichung ist eine kostenfreie Bescheinigung zu erteilen.

Ebenso ist jede Änderung der Satzung sowie jede Änderung in der Zusammensetzung des Vorstandes binnen einer Frist von zwei Wochen nach dem Eintritte der Änderung anzuzeigen.

Die Satzung sowie die Änderungen sind in deutscher Fassung einzureichen. Ausnahmen von dieser Vorschrift können von der höheren Verwaltungsbehörde zugelassen werden.

§ 4.

Personenmehrheiten, die vorübergehend zusammentreten, um im Auftrage von Wahlberechtigten Vorbereitungen für bestimmte Wahlen zu den auf Gesetz oder Anordnung von Behörden beruhenden öffentlichen Körperschaften zu treffen, gelten vom Tage der amtlichen Bekanntmachung des Wahltags bis zur Beendigung der Wahlhandlung nicht als politische Vereine.

§ 5.

Wer eine öffentliche Versammlung zur Erörterung politischer Angelegenheiten (politische Versammlung) veranstalten will, hat hiervon mindestens 24 Stunden vor dem Beginne der Versammlung unter Angabe des Ortes und der Zeit bei der Polizeibehörde Anzeige zu erstatten. Über die Anzeige ist von der Polizeibehörde sofort eine kostenfreie Bescheinigung zu erteilen.

§ 6.

Einer Anzeige bedarf es nicht für Versammlungen, die öffentlich bekannt gemacht worden sind; die Erfordernisse der Bekanntmachung bestimmt die Landeszentralbehörde.

Einer Anzeige bedarf es ferner nicht für Versammlungen der Wahlberechtigten zum Betriebe der Wahlen zu den auf Gesetz oder Anordnung von Behörden beruhenden öffentlichen Körperschaften vom Tage der amtlichen Bekanntmachung des Wahltags bis zur Beendigung der Wahlhandlung.

Das Gleiche gilt für Versammlungen der Gewerbetreibenden, gewerblichen Gehilfen, Gesellen, Fabrikarbeiter, Besitzer und Arbeiter von Bergwerken, Salinen, Aufbereitungsanstalten und unterirdisch betriebenen Brüchen und Gruben zur Erörterung von Verabredungen und Vereinigungen zum Behufe der Erlangung günstiger Lohn- und Arbeitsbedingungen, insbesondere mittels Einstellung der Arbeit oder Entlassung der Arbeiter.

§ 7.

Öffentliche Versammlungen unter freiem Himmel und Aufzüge auf öffentlichen Straßen oder Plätzen bedürfen der Genehmigung der Polizeibehörde.

Die Genehmigung ist von dem Veranstalter mindestens vierundzwanzig Stunden vor dem Beginne der Versammlung oder des Aufzugs unter Angabe des Ortes und der Zeit nachzusuchen. Sie ist schriftlich zu erteilen und darf nur versagt werden, wenn aus der Abhaltung der Versammlung oder der Veranstaltung des Aufzugs Gefahr für die öffentliche Sicherheit zu befürchten ist. Im Falle der Verweigerung ist dem Veranstalter sofort ein kostenfreier Bescheid mit Angabe der Gründe zu erteilen.

§ 8.

Eine Versammlung, die in einem geschlossenen Raume veranstaltet wird, ist nicht schon deshalb als Versammlung unter freiem Himmel anzusehen, weil außerhalb des Versammlungsraums befindliche Personen an der Erörterung teilnehmen, oder weil die Versammlung in einen mit dem Versammlungsraume zusammenhängenden umfriedeten Hof oder Garten verlegt wird.

§ 9.

Der Landeszentralbehörde bleibt es überlassen zu bestimmen, daß und unter welchen Voraussetzungen für Versammlungen unter freiem Himmel und Aufzüge die Genehmigung durch Anzeige oder öffentliche Bekanntmachung ersetzt wird.

Gewöhnliche Leichenbegängnisse sowie Züge der Hochzeitsgesellschaften, wo sie hergebracht sind, bedürfen der Anzeige oder Genehmigung nicht. Der Landeszentralbehörde bleibt es überlassen zu bestimmen, daß auch andere Aufzüge der Anzeige und Genehmigung nicht bedürfen, und daß Aufzüge, die durch mehrere Ortschaften führen, nur einer Polizeibehörde angezeigt und von ihr genehmigt zu werden brauchen.

§ 10.

Jede öffentliche politische Versammlung muß einen Leiter haben. Der Veranstalter ist berechtigt, die Leitung selbst zu übernehmen, sie einem andern zu übertragen oder die Wahl des Leiters durch die Versammlung zu veranlassen. Der Leiter oder, solange dieser nicht bestellt ist, der Veranstalter hat für Ruhe und Ordnung in der Versammlung zu sorgen. Er ist befugt, die Versammlung für aufgelöst zu erklären.

§ 11.

Niemand darf in einer öffentlichen Versammlung oder einem Aufzuge, der auf öffentlichen Straßen oder Plätzen stattfinden soll, bewaffnet erscheinen, es sei denn, daß er vermöge öffentlichen Berufs zum Waffentragen berechtigt oder zum Erscheinen mit Waffen behördlich ermächtigt ist.

§ 12.

Die Verhandlungen in öffentlichen Versammlungen sind in deutscher Sprache zu führen.

Diese Vorschrift findet auf internationale Kongresse sowie auf Versammlungen der Wahlberechtigten zum Betriebe der Wahlen für den Reichstag und für die gesetzgebenden Versammlungen der Bundesstaaten und Elsaß-Lothringens vom Tage der amtlichen Bekanntmachung des Wahltags bis zur Beendigung der Wahlhandlung keine Anwendung.

Die Zulässigkeit weiterer Ausnahmen regelt die Landesgesetzgebung. Jedoch ist in Landesteilen, in denen zur Zeit des Inkrafttretens dieses Gesetzes alteingesessene Bevölkerungsteile nichtdeutscher Muttersprache vorhanden sind, sofern diese Bevölkerungsteile nach dem Ergebnisse der jeweilig letzten Volkszählung sechzig vom Hundert der Gesamtbevölkerung übersteigen, während der ersten zwanzig Jahre nach dem Inkrafttreten dieses Gesetzes der Mitgebrauch der nichtdeutschen Sprache gestattet, wenn der Veranstalter der öffentlichen Versammlung mindestens dreimal vierundzwanzig Stunden vor ihrem Beginne der Polizeibehörde die Anzeige erstattet hat, daß und in welcher nichtdeutschen Sprache die Verhandlungen geführt werden sollen. Über die Anzeige ist von der Polizeibehörde sofort eine kostenfreie Bescheinigung zu erteilen. Als Landesteile gelten die Bezirke der unteren Verwaltungsbehörden.

Ferner sind, soweit die Landesgesetzgebung abweichendes nicht bestimmt, Ausnahmen auch mit Genehmigung der Landeszentralbehörde zulässig.

§ 13.

Beauftragte, welche die Polizeibehörde in eine öffentliche Versammlung (§§ 5, 6, 7, 8, 9, 12) entsendet, haben sich unter Kundgebung ihrer Eigenschaft dem Leiter oder, solange dieser nicht bestellt ist, dem Veranstalter der Versammlung zu erkennen zu geben.

Den Beauftragten muß ein angemessener Platz eingeräumt werden. Die Polizeibehörde darf nicht mehr als zwei Beauftragte entsenden.

§ 14.

Die Beauftragten der Polizeibehörde sind befugt, unter Angabe des Grundes die Versammlung für aufgelöst zu erklären,

1. wenn in den Fällen des § 12 Abs. 3 die Bescheinigung über die ordnungsmäßige Anzeige nicht vorgelegt werden kann;
2. wenn die Genehmigung nicht erteilt ist (§ 7);
3. wenn die Zulassung der Beauftragten der Polizeibehörde (§ 13 Abs. 1) verweigert wird;
4. wenn Bewaffnete, die unbefugt in der Versammlung anwesend sind, nicht entfernt werden (§ 11);
5. wenn in der Versammlung Anträge oder Vorschläge erörtert werden, die eine Aufforderung oder Anreizung zu Verbrechen oder nicht nur auf Antrag zu verfolgenden Vergehen enthalten;
6. wenn Rednern, die sich verbotswidrig einer nichtdeutschen Sprache bedienen (§ 12), auf Aufforderung der Beauftragten der Polizeibehörde von dem Leiter oder Veranstalter der Versammlung das Wort nicht entzogen wird.

Ist eine Versammlung für aufgelöst erklärt worden, so hat die Polizeibehörde dem Leiter der Versammlung die mit Tatsachen zu belegenden Gründe der Auflösung schriftlich mitzuteilen, falls er dies binnen drei Tagen beantragt.

§ 15.

Auf die Anfechtung der Auflösung einer Versammlung finden die Vorschriften des § 2 Abs. 2 Anwendung.

§ 16.

Sobald eine Versammlung für aufgelöst erklärt ist, sind alle Anwesenden verpflichtet, sich sofort zu entfernen.

§ 17.

Personen, die das achtzehnte Lebensjahr noch nicht vollendet haben, dürfen nicht Mitglieder von politischen Vereinen sein und weder in den Versammlungen solcher Vereine, sofern es sich nicht um Veranstaltungen zu geselligen Zwecken handelt, noch in öffentlichen politischen Versammlungen anwesend sein.

§ 17a

(eingefügt durch Gesetz vom 26. Juni 1916; RGBl. Nr. 147 S. 635).

Die Vorschriften der §§ 3, 17 über politische Vereine und deren Versammlungen sind auf Vereine von Arbeitgebern und Arbeitnehmern zum Behufe der Erlangung günstiger Lohn- und Arbeitsbedingungen nicht aus dem Grunde anzuwenden, weil diese Vereine auf solche Angelegenheiten der Sozialpolitik oder der Wirtschaftspolitik einzuwirken bezwecken, die mit der Erlangung oder Erhaltung günstiger Lohn- oder Arbeitsbedingungen oder mit der Wahrung oder Förderung wirtschaftlicher oder gewerblicher Zwecke zugunsten ihrer Mitglieder oder mit allgemeinen beruflichen Fragen im Zusammenhange stehen.

§ 18.

Mit Geldstrafe bis zu einhundertfünfzig Mark, an deren Stelle im Unvermögensfalle Haft tritt, wird bestraft:

1. wer als Vorstand oder als Mitglied des Vorstandes eines Vereins den Vorschriften über die Einreichung von Satzungen und Verzeichnissen (§ 3 Abs. 2 bis 4) zuwiderhandelt;
2. wer eine Versammlung ohne die durch §§ 5, 6, 7, 8, 9 dieses Gesetzes vorgeschriebene Anzeige oder Bekanntmachung veranstaltet oder leitet;
3. wer als Veranstalter oder Leiter einer Versammlung den Beauftragten der Polizeibehörde die Einräumung eines angemessenen Platzes verweigert (§ 13 Abs. 2);
4. wer sich nach Erklärung der Auflösung einer Versammlung nicht sofort entfernt (§ 16);
5. wer als Vorstand oder als Mitglied des Vorstandes eines Vereins entgegen den Vorschriften des § 17 dieses Gesetzes Personen, die das achtzehnte Lebensjahr noch nicht vollendet haben, in dem Vereine duldet;
6. wer entgegen den Vorschriften des § 17 dieses Gesetzes in einer Versammlung anwesend ist.

§ 19.

Mit Geldstrafe bis zu dreihundert Mark, an deren Stelle im Unvermögensfalle Haft tritt, oder mit Haft wird bestraft:

1. wer eine Versammlung unter freiem Himmel oder einen Aufzug ohne die vorgeschriebene Anzeige oder Genehmigung (§§ 7, 9) veranstaltet oder leitet;
2. wer unbefugt in einer Versammlung oder in einem Aufzuge bewaffnet erscheint (§ 11);
3. wer entgegen den Vorschriften des § 12 dieses Gesetzes eine öffentliche Versammlung veranstaltet, leitet oder in ihr als Redner auftritt.

§ 20.

Die Vorschriften dieses Gesetzes finden keine Anwendung auf die durch das Gesetz oder die zuständigen Behörden angeordneten Versammlungen.

§ 21.

Welche Behörden unter der Bezeichnung „Polizeibehörde", „untere Verwaltungsbehörde" und „höhere Verwaltungsbehörde" zu verstehen sind, bestimmt die Landeszentralbehörde.

§ 22.

An Stelle des § 72 des Bürgerlichen Gesetzbuchs tritt folgende Vorschrift:

Der Vorstand hat dem Amtsgericht auf dessen Verlangen jederzeit eine von ihm vollzogene Bescheinigung über die Zahl der Vereinsmitglieder einzureichen.

§ 23.

Aufgehoben werden

der § 17 Abs. 2 des Wahlgesetzes für den deutschen Reichstag vom 31. Mai 1869 (Bundes-Gesetzbl. S. 145, Reichs Gesetzbl. 1873 S. 163),

der § 2 Abs. 2 des Einführungsgesetzes zum Strafgesetzbuche für das Deutsche Reich vom 31. Mai 1870 (Bundes-Gesetzbl. S. 195, Reichs-Gesetzbl. 1871 S. 127), soweit er sich auf die besonderen Vorschriften des Landesstrafrechts über Mißbrauch des Vereins- und Versammlungsrechts bezieht,

der § 6 Abs. 2 Nr. 2 des Einführungsgesetzes zur Strafprozeßordnung vom 1. Februar 1877 (Reichs-Gesetzbl. S. 346).

Die sonstigen reichsgesetzlichen Vorschriften über Vereine und Versammlungen bleiben in Kraft.

§ 24.

Unberührt bleiben

die Vorschriften des Landesrechts über kirchliche und religiöse Vereine und Versammlungen, über kirchliche Prozessionen, Wallfahrten und Bittgänge sowie über geistliche Orden und Kongregationen,

die Vorschriften des Landesrechts in bezug auf Vereine und Versammlungen für die Zeiten der Kriegsgefahr, des Krieges, des erklärten Kriegs- (Belagerungs-)Zustandes oder innerer Unruhen (Aufruhrs),

die Vorschriften des Landesrechts in bezug auf Verabredungen ländlicher Arbeiter und Dienstboten zur Einstellung oder Verhinderung der Arbeit,

die Vorschriften des Landesrechts zum Schutze der Feier der Sonn- und Festtage; jedoch sind für Sonntage, die nicht zugleich Festtage sind, Beschränkungen des Versammlungsrechts nur bis zur Beendigung des vormittägigen Hauptgottesdienstes zulässig.

§ 25.

Dieses Gesetz tritt am 15. Mai 1908 in Kraft.

Sachregister.

(Die Zahlen bedeuten die Seiten.)

A.

Abstimmung über einen Antrag 60.
Abteilungen von Vereinen 33.
Abzweigungen von Vereinen 33.
Achtzehn Jahre, Personen unter a. J. als Mitglieder von Vereinen und Teilnehmer an Versammlungen 7, 8, 9, 10, 47 ff., 59 ff., 88, 89, 109.
Allgemeine berufliche 19, 83; allg. Strafgesetze 98, 102.
„Andere" im Sinne des § 153 der Gewerbeordnung 99 ff.
Änderung des Vereinsgesetzes 19, 20, 25 ff., 52, 85 —; Ä. im Vorstand 7, 105.
Anfechtung der Auflösungsverfüg. 86, 104; A. der Auflösung einer Versammlung 86, 108.
Angelegenheiten, politische A. 9, 61, 67 ff, 104, 105; sozial- und wirtschaftspolitische A. 10, 19, 61, 70, 71 ff.
Angemessener Platz der Beauftragten der Polizeibehörde 86, 108.
Angestellte 38, 41, 72.
Anordnungen, straßenpolizeiliche A 96.
Antrag, Stellung eines A. 60.
Anzeige von Veränderungen im Vorstand 7, 105; A. von Versammlungen 86, 105, 109.
Apothekergewerbe, Unternehmer und Gehilfen im A. 92.
Arbeiter, gewerbliche A 22, 37, 38; landwirtschaftliche A. 22, 42 ff., 111; A.-Bildungs-, Jugend- und Sportvereine 35.
Arbeiterschutz 71.
Arbeiterversicherung 68, 71, 78.
Arbeitgeber 3, 19, 32, 37 ff., 92 ff.
Arbeitnehmer 3, 19, 32, 37 ff., 92 ff.
Arbeitsbedingungen, günstige A. 8. 19, 72, 92 ff.
Arbeitsvertrag 73, 94.
Aufbereitungsanstalten, Besitzer und Arbeiter von A. 92.
Aufforderung zum Ungehorsam 96, 102.
Auflösung des Vereins 86, 104; A. der Versammlungen 86, 107, 108.
Aufrechnung 73.
Aufruhr 111.
Aufzüge auf öffentlichen Straßen oder Plätzen 86, 106, 107.
Aussperrung 73, 92 ff, 95, 96.
Ausstand 95.
Auswärtige Politik 68, 76.
Authentische Auslegung des Vereinsgesetzes 20, 25 ff., 28, 34, 52, 85.
Autoritätsrecht der Eltern, Vormünder, Schulen, Kirchen, Erzieher und Lehrherren 62 ff.

B.

Bayerische Anweisung zum Vollzug des Vereinsgesetzes 8, 25.
Beabsichtigen 80 ff.
Beamte, Beamtenvereine 22, 36, 38 ff., 46 ff.
Beauftragte der Polizeibehörde 86, 108.
Bedeutung des Gesetzes 19 ff., 25.
Bedingungen, günstige Lohn- und Arbeits-B. 8, 19.
Bedrohung 95, 101.
Behörden, Disziplinarrecht d. B. 41.

Bekanntmachung von Versammlungen 86, 105, 109.
Belagerungszustand 111.
Belehrungsvereine 35.
Berechtigung zum Waffentragen 107.
Bergwerke, Besitzer und Arbeiter von B. 92.
Berufsfragen, Berufsinteressen 9, 19, 20, 26, 83.
Berufsgenossen als geschützte Personen 99.
Berufsvereine 8, 10, 11, 14, 20, 30, 34, 35 ff., 71.
Bestimmen 98 ff
Betriebsbeamte 38, 93
Bewaffnet, Verbot, b. zu erscheinen 86, 107, 110.
Bezirksvereine 33.
Bezwecken 19, 31, 78, 80 ff.
Boykott 73, 96.
Brüche, Besitzer und Arbeiter von unterirdisch betriebenen B. 92.

C siehe K.

D.

Darstellung, wahrheitswidrige und aufhetzende D. 97.
Debatte 60.
Deklaratorischer Charakter des neuen Gesetzes 25 ff., 28.
Denunziation, Drohung mit D. 101.
Deutsche Sprache in öffentlichen Versammlungen 107, 110.
Dienstboten 42 ff. 93, 111.
Dienstvertrag 73.
Diskussion 60.
Disziplinarrecht der Eltern, Vormünder, Schulen, Kirchen, Erzieher und Lehrherren 41, 62 ff.
Drohung 95, 98, 101.

E.

Ehrverletzung 98, 101.
Einigungswesen 71.
Einrede aus Vereinigungen und Verabredungen 92 ff., 97.
Einsicht zur Erkenntnis der Strafbarkeit 90.
Einstellung der Arbeit 92 ff., 95
Einstweilige Verfügung 96.
Eintrittsgeld 58.
Einwirken 19, 31, 78 ff., 82.
Eisenbahnarbeiter 40, 93.
Eltern, Autoritäts- u. Disziplinarrecht der E. 41, 62 ff.
Entfernung, Verpflichtung zur E. 86, 108, 109.
Entlassung der Arbeiter 92 ff., 95.
Entschädigung, Zahlung von E. 96.
Erhaltung günstiger Lohn- und Arbeitsbedingungen 19.
Erkenntnis der Strafbarkeit 90.
Erlangung günstiger Lohn- und Arbeitsbedingungen 8, 19, 92 ff.
Ermächtigung zum Waffentragen 107.
Erörtern 60, 78.
Erpressung 95.
Erzieher, Autoritäts- und Disziplinarrecht der E. 41, 62 ff.

F.

Fahrlässiges Zuwiderhandeln gegen die Strafvorschriften 89.
Familienunterstützung 76.
Fernhaltung des Zuzugs 96.
Festtage 111.
Filialen 33.
Förderung wirtschaftlicher oder gewerblicher Zwecke 19.
Forderungen, Bewilligung von F. 100.
Fortbildungsschulen, Disziplinarrecht der F. 64, 65.
Fragen, allgemeine berufliche F. 19, 83.
Frauen, Wahlrecht der F. 68, 73, 76, 77.
Freier Himmel, Versammlungen unter fr. H. 86, 106.
Freiheit der Koalition 92 ff., 98 ff.
Freiheitsberaubung 101.

G.

Gehilfen 38, 92.
Geldstrafe 90, 109, 110.
Gelegentliche Einwirkung 31, 82.

Gemeindearbeiter 39, 44 ff.
Genehmigung, polizeiliche 86, 106.
Geschlossene Versammlung 54, 57; geschlossener Raum 106.
Gesinde 42 ff., 93, 111.
Gewalt, Recht der väterlichen G. 41, 62 ff.; körperliche G. 101.
Gewerbeaufsicht 71.
Gewerbegerichte 71, 73.
Gewerbeordnung §§ 152, 153, 154a der G. 7, 10, 14, 21, 23, 62, 71, 84, 97.
Gewerbliche Arbeiter 22, 37, 38; g. Zwecke 19; g. Koalitionsrecht 91 ff.
Gewerkschaften als politische Vereine 7, 9, 10, 14, 17, 20 ff., 25, 28, 29, 53.
Gewerkschaftsversammlungen 8, 9, 50 ff., 87.
Gewerkvereine 11, 20 ff.
Gewöhnliche Leichenbegängnisse 106.
Grober Unfug 96.
Gruben, Besitzer und Arbeiter von unterirdisch betriebenen G. 92.
Grundgedanke des neuen Gesetzes 29 ff.
Günstige Lohn- und Arbeitsbedingungen 8, 19, 92 ff.
Gute Sitten, Verstoß gegen g. S. 96, 97.

H.

Haftstrafen 90, 109, 110.
Handarbeiter 93.
Handelsgewerbe, Unternehmer und Gehilfen im H. 92.
Handelspolitik 75.
Härtere Strafe 98 ff.
Hausarbeit 71.
Hausgewerbetreibende 38, 93.
Heimarbeit 71, 93.
Himmel, Versammlungen unter freiem H. 86, 106.
Hindern am Rücktritt von Verabredungen 98 ff.
Hochzeitsgesellschaften, Züge von H. 106.

J.

Inhalt der Satzung 81.
Innere Unruhen 111.
Internationale Kongresse 107.
Invalidenversicherung 72.
Irrtum über Strafgesetz und Tatumstände 89.
Jugendliche (Personen unter 18 Jahren) 7, 9, 10, 13, 14, 16, 21, 47 ff., 50 ff., 88, 89, 97, 109.
Jugendparagraph 13, 14, 21, 47 ff.
Jugendvereine 35.

K.

Kartelle 94.
Kaufmannsgerichte 71, 73.
Kenntnis der Strafvorschrift 89.
Kinderschutz 71.
Kirchen, Autoritäts- und Disziplinarrecht der K. 41, 62 ff.
Klage aus Vereinigungen und Verabredungen 92 ff., 96, 97.
Koalitionsfreiheit 91 ff.; Schutz der K. 98 ff.
Koalitionsrecht 41, 71, 73, 91 ff.
Koalitionsversammlungen 55, 97.
Kommissionen, Schlichtungs-K. 94.
Kongresse, internationale 107.
Kontraktbruch 96.
Konventionalstrafen 96, 97.
Körperlicher Zwang 98 ff.
Krankenversicherung 72.
Kreis der betroffenen Vereine 32 ff.; K. der durch § 153 der Gewerbeordnung geschützten Personen 99 ff.
Krieg, Kriegsgefahr, Kriegszustand 111.

L.

Landarbeiter 38, 42 ff., 93.
Landesrechtliche Vorschriften, Inkraftbleiben l. V. 111.
Ländliche (landwirtschaftliche) Arbeiter 38, 42 ff., 93, 111; landwirtsch. Unternehmer 93.
Lebensmittelversorgung 72.
Lehrherren, Autoritäts- und Disziplinarrecht der L. 41, 62 ff.

Lehrlinge 38, 63, 93.
Leichenbegängnisse, gewöhnliche L. 106.
Leiter von Versammlungen 87, 106, 108, 109, 110.
Liste, schwarze 96.
Lohn- und Arbeitsbedingungen 8, 19, 92 ff.
Lohnregelung 71.

M.

Maximalarbeitstag 72.
Mildere Strafe 103.
Minimallohn 72.
Mißbrauch der Koalitionsfreiheit 98 ff.
Mißhandlung 101.
Mitglieder des Vorstandes, Verpflichtung zur Einreichung des Verzeichnisses der M. 7, 105.
Mittel zur Erlangung günstiger Lohn- und Arbeitsbedingungen 95 ff.

N.

Nachteil, erheblicher N. 97.
Nahrung, Entziehung der N. 101.
Nationalität, Vereine von Reichsangehörigen nichtdeutscher N. 33 ff.
Nebenzweck des Vereins 31, 81, 82.
Nichtgewerbliche Berufs- oder Standesvereine 35.
Nichtdeutsche, Vereine von Reichsangehörigen n. Nationalität 33 ff.
Normalarbeitstag 72.
Nötigung 95, 98.

O.

Öffentliche Versammlungen 48, 50 ff., 57 ff., 105, 106 ff.; ö. politische V. 56 ff., 105 ff.
Ortsgruppen 33.
Ortsvereine 33.

P.

Parteipolitische Fragen 74; p. Versammlungen 54.
Personenmehrheiten für Wahlen 105.
Pfändung von Ansprüchen 73.
Platz, angemessener P. für Polizeibehörde 108.
Plätze, Aufzüge auf öffentlichen Plätzen 86, 106.
Politische Angelegenheit 61 ff., 67 ff., 104, 105; p. Vereine 7, 10 ff., 15, 17, 19, 20, 22, 24, 25, 28, 29, 30 ff., 38, 104; p. Versammlungen 7, 19, 20, 48, 56 ff., 60 ff., 105.
Polizeibehörde, Einreichung von Satzung usw. bei der P. 8, 105; Beauftragte der P. 86, 108.
Polizeiliche Anordnungen 96; p. Beschränkungen 104; p. Genehmigung 86, 106.
Polnische Vereine 33 ff.
Preisbildung, Fragen der P. 72.
Privatbeamte 47.
Privatwohnung, Versammlung in P. 58.

R.

Radfahrervereine 35.
Raum, Versammlungen in geschlossenem R. 106.
Rechtsnachfolger 97.
Reichsangehörige 22, 104; Vereine von R. nichtdeutscher Nationalität 33 ff.
Reichsarbeiter 38 ff.
Reisegeld, Zahlung von R. 96.
Rückforderung geleisteter Sicherheiten und Zahlungen 97.
Rücktritt von Vereinigungen und Verabredungen 92 ff., 97.

S.

Sächsische Ausführungs-Anweisung zum Vereinsgesetz 9.
Salinen, Besitzer und Arbeiter von S. 92.
Samaritervereine 35.
Satzung, Notwendigkeit der S. 7, 22, 104; Inhalt der S. 81; Verpflichtung zur Einreichung der S. 7, 22, 105, 109.
Schadensersatzpflicht 96.

Schiffsknechte 93.
Schiffsmannschaften auf Seeschiffen 93.
Schlichtungskommissionen 94.
Schüler, Teilnahme der Sch. an Vereinen und Versammlungen 62 ff.
Schulen, Autoritäts- und Disziplinarrecht der Sch. 41, 62 ff.
Schulzucht 64.
Schutz der Koalitionsfreiheit, zivilrechtl. Schutz 97; strafrechtlicher Schutz 98 ff.
Schwarze Liste 96.
Sicherheiten, Rückforderung von bestellten S. 97.
Sicherheitspolizeiliche Bestimmungen 104.
Sitten, Verstoß gegen gute S. 96, 97.
Sondergerichte 73.
Sonntage 111.
Sonntagsarbeit 72.
Sozialpolitische Angelegenheiten 10, 19, 61, 70, 71 ff.
Sperre 96.
Sportvereine 35.
Sprache, deutsche Sp. in öffentlichen Versammlungen 86, 107, 110.
Staatsarbeiter 22, 38 ff. 44.
Standesfragen 8, 9, 20, 26.
Standesvereine 8, 14, 35 ff.
Steuern 72.
Störung der öffentlichen Ruhe und Ordnung 96.
Strafgesetze, allgemeine St. 98 ff., 102 ff., 104.
Strafrecht, Fragen des St.s als wirtschaftspolitische Fragen 73.
Strafrechtlicher Schutz der Koalitionsfreiheit 98 ff.
Strafvorschriften des Vereinsgesetzes 88 ff., 109, 110.
Straßen, Aufzüge auf öffentlichen St. 86, 106, 107.
„Streikbrecher“ 96, 101.
Streikpostenstehen 96.
Streikrecht 42, 73, 95.
Streikunterstützung 96.
Syndikate 94.

T.

Tarifämter 94.
Tarifvertragswesen 71, 94.
Täter bei Vergehen gegen Koalitionsfreiheit 99.
Techniker 38, 93.
Teilnahme der Jugendlichen an Vereinen und Versammlungen 48, 50 ff.
Tragweite des neuen Gesetzes 19 ff., 21 ff.
Turnvereine 35.

U.

Überstundenarbeit 72.
Unfallversicherung 72.
Unfug, grober U. 96.
Unkenntnis der Strafvorschrift 89.
Unruhen, innere U. 111.
Unterhaltungsvereine 35.
Unterirdisch betriebene Brüche und Gruben, Besitzer von usw. 92.
Unternehmer im Handels- und Apothekergewerbe 92; landwirtschaftliche U. 93.
Unterstützung 96.

V.

Väterliche Gewalt, Recht der v. G. 41, 62 ff.
Verabredungen zur Erlangung günstiger Lohn- und Arbeitsbedingungen 87, 92 ff., 102.
Veranstalter einer Versammlung 105, 106, 107, 108, 109, 110.
Vereine, politische 7, 10 ff., 15, 17, 19, 20, 22, 24, 25, 28, 29, 30 ff., 38, 101.
Vereinigungen zur Erlangung günstiger Lohn- und Arbeitsbedingungen 87, 92 ff., 102.
Vereinsgesetz 85 ff., 104 ff.
Vereinsversammlungen 54, 57, 58.
Verfassungsfragen 68, 76.
Verfügung, einstweilige V. 96.
Verrufserklärung 98, 102.
Verpflichtung zur Entfernung 108, 109.

Versammlung 50ff., 56; öffentliche V. 56ff.; Gewerkschafts-V. 50ff.; politische V. 7, 19, 20.
Versicherung von Angestellten und Arbeitern 71, 72.
Vertragsstrafen 96, 97.
Verzeichnis, Verpflichtung zur Einreichung des V.s der Vorstandsmitglieder 7, 22, 88, 105, 109.
Volksbildung 71; V.ernährung 71; V.gesundheit 71.
Vormünder, Autoritäts- und Disziplinarrecht der V. 41, 62ff.
Vorsätzliches Zuwiderhandeln gegen die Strafvorschriften 89.
Vorschriften, allgemeine V. d. Strafgesetzes 98ff., 102, 104.
Vorstand 7, 22, 88, 104, 105, 109.

W.

Waffentragen, Berechtigung und Verbot zum W. 107.
Wahlangelegenheiten 68, 72.
Wahlkörper 105.
Wahlrechtsfragen 68, 76, 77.
Wahlversammlungen 54, 107.
Wahrheitswidrige Darstellungen 97.
Wahrung wirtschaftlicher oder gewerblicher Zwecke 19.
Werkmeister 38, 93.
Widerrechtlichkeit 96.
Wirtschaftliche Fragen 61, 70; w. Vernichtung 97; w. Zwecke 19.
Wirtschaftspolitische Angelegenheiten 10, 19, 61, 70, 71ff.
Wohlfahrtsbestrebungen 32.
Wohnungswesen 71.
Württemberg, Ausführung W.s zum Vereinsgesetz 9.

Z.

Zahlstellen 33.
Zahlung von Entschädigung, Unterstützung u. dergl. 96; Rückforderung geleisteter Z. 97.
Zölle 72.
Zollpolitik 75.
Züge von Hochzeitsgesellschaften 106.
Zurückbehaltungsrecht 73.
Zurücktreten von Vereinigungen und Verabredungen 92, 97.
Zusammenhang, im Z. stehen 19, 30, 82ff.
Zuwiderhandeln gegen die Strafvorschriften 89, 109, 110.
Zuzug, Fernhalten des Z. 96.
Zwang, körperlicher Z. 98ff.
Zweck, wirtschaftlicher oder gewerblicher Z. 19; Z. des Gesetzes 19ff.; Z. des Vereins 19, 31, 81, 82.
Zweigvereine 33.
Zwischenmeister 38.

Frommannsche Buchdruckerei (Hermann Pohle) in Jena. — 4578

FSC
www.fsc.org
MIX
Papier | Fördert
gute Waldnutzung
FSC® C083411

Kolibri 360 GmbH
Ferdinand-Jühlke-Straße 7
99095 Erfurt, Deutschland
produktsicherheit@kolibri360.de